I0154136

Anonymous

Die Klostergelübde historisch und sittlich betrachtet

Anonymous

Die Klostergelübde historisch und sittlich betrachtet

ISBN/EAN: 9783743692480

Hergestellt in Europa, USA, Kanada, Australien, Japan

Cover: Foto ©ninafisch / pixelio.de

Weitere Bücher finden Sie auf **www.hansebooks.com**

Die
Klostergelübde

Historisch und sittlich
betrachtet.

Frankfurt am Mayn,

In der Eßlingerschen Buchhandlung.

1 7 8 2.

Vorbericht.

Eine im vorigen Jahr unter dem
Titel: der Klostergeist, er-
schienene sehr gründliche kleine Schrift hat diese kurze Abhandlung, von Klostergelübden, veranlasset. Man glaubt, und ist
sittlich überzeugt, wenn die sogenannte Klostergelübden entlarvet, in ihrer wahren Gestalt gezeiget, und in eine natürliche Ungültigkeit überzeugend gesetzt werden könnten,
daß dadurch alle Hindernisse, die der Ver-
fasser des Klostergeists einer Verbesserung des
Kirchenwesens und der Ordensstände entgegen
zu setzen beliebet, gehoben werden würden.
Ob solches in diesen wenigen Bögen geleistet
worden, mag der Leser beurtheilen: und wenn

A 2   man

man vorausſezt, daß alle Kloſteranſtalten dem
Weſen der Chriſtlichen Religion etwas frem-
des, enthuſiaſtiſches und zufälliges ſind; ſo
fällt auch aller Verdacht der Partheylichkeit
und Voreingenommenheit von ſelbſt weg, und
blos die Entfernung deſſen, was nicht Religion iſt, bleibt die Abſicht dieſer Schrift.
Endlich iſt auch eine kurze hiſtoriſche Nachricht von den Klöſtern nothwendig, wenn man
von der Gült- oder Ungültigkeit der Kloſtergelübde ein geſundes Urtheil fällen ſoll.

Man wird sich schwerlich irren, wenn man den Ursprung der Gelübden in dem ersten Zeitpunkt aller gottesdienstlichen Handlungen sucht. Nach dem Falle unserer ersten Aeltern regte sich in dem Menschen lauter Unruhe, ein böses Gewissen, und eine beständige Zerstreuung der Gedanken; dieses verhinderte ihn an der Erkenntnis der Natur, und machte ihn ungeschickt, zweifelhaft, furchtsam und verdrossen: er muste seinen Lebensunterhalt durch beschwerliche Arbeit suchen: seine mangelhafte Erkenntnis der Natur leitete ihn auf allerhand ungewisse Proben: diese nahmen theils mehr Zeit weg, als sie Nutzen brachten, theils misslangen sie auch gar oft. Kurz! er wurde gar bald überzeugt, daß das Gedeihen seiner Arbeit von der Gottheit abhange, und um dieses zu erlangen, Gelobte er der Gottheit einen ge-

wis-

wiffen Theil von demjenigen als eine Dankbar=
feit zu geben, was durch das erbetene Gebet=
hen war erworben worden; und dieses geschahe
durch ein sogenanntes Opfer, welches die aller=
erste Art der Gelübde und des Gottesdienstes
war, dieses bestätiget die Geschichte Kains und
Abels: Genes 4. v. 3. 4. 5. und wird zugleich
hinzugesetzt: und der Herr sahe gnädiglich an
Habel und sein Opfer; aber Kain und sein Opfer
sahe er nicht gnädiglich an.

Eine jede Pollicitation oder jedes Gelübde
ist daher zweiseitig, und setzt, wie einen Gelob=
enden, so auch einen Acceptanten voraus, wenn
das Versprechen seine gehörige Wirkung und
Verbindlichkeit haben soll: Gott hat also das
Gelübde Abels angenommen, des Kains aber
nicht: ersteres war gültig, lezteres aber nicht.
Die Schwierigkeit hierbei wird nur seyn, wie
man wissen könne, daß Gott, der unsichtbar ist,
ein Gelübde wirklich angenommen habe, oder
nicht? folglich ob solches verbindlich sey, oder
nicht? die heilige Schrift entscheidet hier Hebr.
11. v. 4. ganz kurz: weil Abel gerecht war, folg=
lich war Kain ungerecht. Diese Schwierigkeit
kann

kann aber auch durch die Wirkung der beiderſei-
tigen Gelübben und Opfer aufgelöſet werden;
wenn man annimmt, daß Habel bei ſeinem Gelübbe und Opfer die Abſicht gehabt Gott nicht
nur für den bisher auf ſeine Viehzucht gelegten
Segen zu danken, ſondern ihn fürs künftige um ſeinen Segen zu bitten, und da er das künftige Jahr
an ſeiner Heerde einen reichen Segen geſpüret,
ſo konnte er den richtigen Schluß machen, daß ſein
Gelübbe von Gott angenommen worden; Kain
hingegen konnte durch einen nachjährigen Miß-
wachs in ſeinem Feldbau ganz ſicher ſchließen,
daß ſein Opfer oder Gelübbe von Gott nicht angenommen worden. Und wer weiß, was Kain
mit ſeinem Opfern für böſe Abſicht in Anſehung
des Vermögens ſeines Bruders gehabt hat.

Ganz ohnſtreitig haben alle Gelübben nur
blos einen gewiſſen wahren, oder auch eingebildeten Nutzen des Gelobenden zur Abſicht: denn
Gott, als das ſelbſt ſich hinreichende aller voll-
kommenſte Weſen kann unmöglich einigen Vor-
theil davon haben. Es kann ſeyn, und ge-
ſchieht gar oft, daß ein Gelübbe ſchändliche,
ſündliche ja abſcheuliche Gegenſtände in Abſicht

A 4   ha-

haben kann, und die Geschichte Frankreichs, Portugalls, Pohlens, u. a. m. geben uns Beispiele, daß Königsmorde moralisiret und gelobet worden; kann man aber wohl ohne Gottesläsierung sagen, daß dergleichen Gelübben, wenn sie auch in Thathandlungen ausbrechen und ihre Wirkung zu haben scheinen von Gott angenommen worden wären?

Es lässet sich die göttliche Acceptation eines Gelübdes daher nie gerade zu vorauszsetzen, sondern solche muß erst aus der gesegneten und gerechten Wirkung auf Seiten des Gelobenden beurtheilt und erkannt werden; und man kann sagen: Gott acceptire in keinem andern Verstande ein Gelübbe, als in sofern solches mit den Regeln seiner Vorsehung harmoniret, und mit seiner allgemeinen Gnade gegen das ganze menschliche Geschlecht in genauem Verhältnis stehet, oder in so fern solches seinem Schöpfungsendzweck nicht zuwider ist.

Ein wichtiges Gelübde that Jacob zu Bethel, da er vor seinem Bruder Esau nach Mesopothanien flohe; Gen 28, v. 20, u. f. welches auch

auch in seinem ganzen Umfang erfüllet worden,
und die Wirkung hat gezeigt, daß Gott solches
acceptirt gehabt: und es ist aus mehr Beispie-
len in der heiligen Schrift sehr kennbar, welche Gelübde von Gott angenommen und welche
verworfen worden, auch ist es sehr wahr-
scheinlich, daß der ganze Gottesdienst von Kain
und Abel an bis auf die Zeiten Mosis und Aron
aus lauter Opfergelübben bestanden habe.

Als aber Moses dem Israelitischen Volke einen regelmäßigen Gottesdienst gesetzlich vor-
schriebe, so wurden die Gelübten als ein zufälli-
ger, jedoch entbehrlicher Theil des Gottesdienstes zwar beibehalten, aber doch nur als ein altes Herkommen behandelt, und die Gesetze, die
Moses wegen der Gelübben gegeben, scheinen
vielmehr ihre Einschränkung zur Absicht zu haben, und schreiben eine gewisse Vorsichtigkeit vor,
daß solche nicht zum Nachtheil eines dritten
ausschlagen mögten, welches nur gar zu leicht
geschehen kann.

Ein dergleichen zum Nachtheil eines dritten
ausschlagendes Gelübbe war das Corban. Marc.
7. v. 9. 13. welches der Heiland denen Phari-

A 5   säern

ſaern als ein gottloſes Gelübbe vorwarf, weil
es zum Nachtheil der Aeltern gereichte. Man
findet auch in der Bibel Stellen, welche ſo gar
für übereilten Gelübben warnen. Eccleſ. 5. v. 1. 6.

Und endlich ſehe ich nicht ein, was das
Wort, Gelübbe, Votum, heutiges Tages, da
uns das Evangelium einen Gottesdienſt im Geiſt
und in der Wahrheit vorſchreibt, eigentlich ſagen will? In Rückſicht auf Gott iſt es ein blo-
ſer Wortklang; und hat ſeinen Grund in der
zwar nur gar zu gewöhnlichen aber höchſt verwerf-
lichen Vergleichung Gottes mit mächtigen Menſchen. Was kann ein dürftiger Menſch, der
alles nöthig hat, oder dem faſt alles mangelt,
demjenigen Weſen, welches nichts nöthig ha:,
oder dem nichts mangelt, geloben, verſprechen,
oder geben? Kann er mit der Gottheit einen
ungenannten bürgerlichen Kontrakt eingehen?
Schließt eine ſolche Vergleichung nicht von
nichts auf alles? Und da wir zumalen im neuen
Teſtamente ſo gar keine Spur einiger Acceptation der Gelübben von Seiten Gottes finden,
ſo ſchließt man ganz richtig, daß in der chriſtlichen Religion alle Gelübbe der Menſchen zu
gar

gar nichts verbinden, als blos zu dem, was
ohne Gelübde schon ihre Pflicht, und in denen
Evangelischen Gebothen vorgeschrieben ist: alles was sie ausser diesen geloben, ist entweder
unverbindlich, und bedarf keiner Auflösung,
oder es ist gar sündlich und verdammlich.

Indessen ist doch das Herkommen der Gelübben nebst andern Jüdischen, Hohenpriester-
lichen und Levitischen Gebräuchen in die christliche Religion mit eingeschlichen, und da solche
gar bald für den Hierarchischen Staat sehr ein-
träglich befunden worden; so hat man nach und
nach ein ganzes Lehrgebäude daraus gemacht,
und solches dem Canonischen Rechte gesetzlich
einverleibet.

Die Canonisten beschreiben demnach ein Gelübbe oder Votum, daß es ein Versprechen sey,
welches nach vorgängiger Ueberlegung Gott oder
auch denen Heiligen gethan werde, um einer
seits ein gutes Werk zu thun, und andererseits
etwas zu unterlassen, was man sonsten weder zu
thun noch zu unterlassen schuldig ist. Oder besser zu sagen: das Gelübbe ist ein an Gott gerich-
tes

tetes Versprechen über gewisse, weder befohlene
noch verbothene, sondern blos gleichgültige Sachen. Die Eintheilung der Gelübben in feier-
liche und unfeierliche halte ich für eine blose Er-
findung der Schulehrer.

Besser und einträglicher aber ist die Eintheilung in auflösliche und unauflösliche. Jene
gehen die ganze Römisch-Catholische Christenheit an: diese aber sind blos auf den Priester-
stand, und im engsten Verstande auf die Klöster
und Stifter eingeschränkt.

Was die auflöslichen Gelübben anbelangt,
so ist es unmöglich, solche in ein ordentliches
Register zu bringen, weil solche einzig und allein
in ihren mancherlei Gattungen von denen in-
nerlichen Bewegungen, Empfindungen, Temperamenten, Glücks- oder Unglücksumständen,
Auferziehung, Zeiten, und Umständen derer Gelobenden abhangen: oft giebt ein gehabter Ver-
druß, ein dickes Geblüte, eine schlaflose Nacht,
eine allzustarke Bewegung, eine Krankheit, eine
gemachte Ausschweifung im Essen und Trinken
u. d. Anlaß zu dergleichen Gelübben. Wenn
der-

gleichen in dem Gemüthe der Menschen herschen-
de Bewegungen zumal mit einem äufferlichen
Uebelstand, als Armuth, Verlust an Ehre, oder
Gütern, Verfolgung u. d. vergesellschaftet sind;
so ist der Verstand oft zu arm, um in dem gros-
sen Felde der Gelübden eine genugthuende Wahl
zu treffen.

Furcht und Hofnung sind die ersten Gebür-
ten eines beängstigten Menschen, und nachdem
sich seiner Einbildung ein günstiger oder ungün-
stiger Umstand darstellet, nach dem macht er sich
selbst Schlüsse, und prophezeyet sich entweder
Gutes oder Böses: er glaubt alles leicht, besonders was ihm fremd und wunderbar fürkommt,
nachdem die Furcht oder Hofnung bey seinen
Umständen die Oberhand hat; aus dieser Leicht-
glaubigkeit bindet er sich an Träume, an gewisse
Tageszeichen, an gewisse Phenomene, an gewisse Vögel, Thiere u. d. erdenket sich selbst eine
besondere Art, sich Gott angenehm zu machen,
wählete gewisse Heiligen in seinem Anliegen,
schreibt sich eine gewisse Anzahl Rosenkränze vor,
und endlich wenn alles nichts helfen will, greift
er zu den Wallfahrten; er verlobet sich nach
Rom,

Rom, nach Jerusalem, oder nach St. Thomas,
nach Loretto, Aßispabua, Mariazell, Einsiedel,
Waldüren, oder wer weiß wohin: er gelobet
Opfer in Wax, Kleider, Geräth, Vieh, Krü=
cken, u. d. nicht selten verfällt ein solcher Mensch,
wenn er einzusehen anfängt, daß er nur im Fin=
stern herum irrt, von dem Aberglauben in ein
rechtes Chaos des Unglaubens, und wird ein
heimlicher Verächter der Religion.

Die Canonisten behaupten ferner, daß die
Gelübden, wodurch Gott etwas versprochen
wird, ohne Acceptation verpflichtend wären,
weil sie sich von Seiten Gottes keine Accepta=
tion einbilden konnten, und den Schluß von ih=
rer Wirkung für zu mißlich hielten. Doch mach=
te der Mangel einer solchen Acceptation ein Ge=
lübbe seiner Natur und Gültigkeit nach, zweifel=
haft; sie substituirten daher an Gottes statt, die
Bischöfe als Acceptanten, und gaben ihnen zu=
gleich die Vollstreckung derer Gelübben, sowohl
wegen ihres Priesterthums, und dessen Analogie
mit denen Jüdischen Priestern, als wegen ihrer
Statthalterschaft Christi. Freilich erforderten
sie an der Gültigkeit eines Gelubbes, das von
Sei=

Seiten des Gelobenden sowohl eine gesunde Unter=
scheidungskraft, als dessen freier Wille voraus=
zusetzen, wie auch das, was gelobet wird, mög=
lich und erlaubet seyn müsse. Weil sie aber vor=
aus sehen konnten, daß wider diese Bedingnisse
von einfältigen Laien gar oft gehandelt werden
würde; so gaben sie zugleich denen Bischöffen
die Macht, nach Befund und Belieben die Ge=
lübde zu verändern, aufzuheben, davon zu dis=
pensiren, und solche aufzuschieben; ausser daß
der Römische Hof einige Gelübden und deren
Dispensirung unter die Päbstliche Reservata,
oder vorbehaltene Fälle zählet: also ist z. B. die
Redemption oder Ablösung erlaubt, wenn da=
für eine gewisse Summe unter dem Titel des All=
mosens erleget wird,' welches denen Dispensa=
tionen das weiteste Feld läßt; auch pfleget un=
ter eben dem Titel die Loszehlung von einem leicht=
sinnig gethanen Gelübde ertheilet zu werden:
denn ob schon solches an und vor sich selbst nicht
verpflichtet, so muß doch der Bischof vorher
darüber urtheilen, ob solches einige Verpflich=
tung mit sich führe, oder nicht? daher muß die
Absolution davon begehret werden. Die Ver=
änderung oder Verwechslung derer Gelübden

                                        aber

aber ist allezeit erlaubet, und wird nicht ein mal allezeit des Bischofs Erlaubnis dazu erfordert, wenn dasjenige Gelübbe, welches an des andern Stelle gesezt wird augenscheinlich besser und wichtiger ist: mehr darf man allezeit für weniger geben, aber niemals weniger für mehr, welches gerade das Gegentheil ist von dem was Moses wegen derer ablöslichen Gelübben und Opfer verordnet hat: denn da fiel der Ablösungspreis durchaus geringer aus, als der Werth des Gelübbes war: hieher gehören auch die Gelübben zu ausserordentlichen Fasttägen, zum Kuttentragen, zu besondern Bruderschaften, zum Kreuzschleppen, Geiseln, und dergl. welche mit den Egyptischen und Israelitischen Nasiräersgelübben eine grose Aehnlichkeit haben, und sämtlich einer Auflösung, Verwandlung und Dispensation fähig sind.

Kurz! nach der Analogie mit denen Israelitischen Gesetzen sind in der Catholischen Religion alle Gelübben, ausser denen Priester= und Klösterlichen abkäuflich, mit dem einzigen Unterschied des mehrern und wenigern.

Ich gehe nunmehro zu denen unauflöslichen
Gelübden über, welche eigentlich in dem Prie-
sterthum und denen Klöstern eingeschränkt sind.

Die Mönche und Klöster haben eigentlich im
dritten Jahrhundert ihren Anfang genommen:
ihre Entstehung war in Egypten, und ihr Stamm-
vater war der Egyptische Eremite Antonius
nebst seinem Diener Paulo; Sie lebten beide in
der Wüsten von Salz und Brod ohne Wohnung; und diese Lebensart wurde unter der
Dioclet:anischen Verfolgung von mehrern jedoch
nur unter Abgelobung des Fleisches und Weins
nachgeahmt Pachonius war der erste, der
ein umschlossenes Gebäude aufführte, in welches er einige von diesen Eremiten in Sicherheit
sezte, und wohnen lies; dieses Gebäude nen-
nete er Claustrum, daher das Wort Kloster.
Kurz darauf bauete Hilarion in Palästina eben
ein solches Claustrum. Die in einem solchen
Claustro beysammen wohnten, wurden Cönobiten genennet: welche aber frey in der Zerstreuung lebten, hiesen Anachoreten und enthielten
sich von allem Umgang mit andern Menschen:
auch findet man im Augustino, de hærosibus,

B   cap.

cap. 40. daß viele von diesen Anachoreten oder Einsieblern verheirathet gewesen. Die Cönobiten waren an gewisse Regeln gebunden, die sie unter sich selbst machten, und bisweilen auch veränderten: sie wurden in gewisse Klassen eingetheilet: zehen Cönobiten oder Mönche stunden allemal unter der Aufsicht eines andern, den sie Decanus hiesen: und der über hundert Cönobiten gesezte Aufseher wurde Centenarius genennet. Einige Zeit hernach nahmen diese Centenarii den Nahmen, Aebte, oder Archimandriten an. Im Anfang waren sowohl die Anachoreten als die Cönobiten alle Laien, und durften sich nicht mit dem Lehramt befassen, welches Hieronymus, Epist. ad Ripar. bestätiget: Monachus non docentis, sed plangentis habet officium: und in dem Canonischen Recht, Decret. p. 2. Cauf. 16. Quæst. 1. heiset es: Monachus pascitur, Clerici pascunt: und ihre priesterliche Eigenschaft fällt erst ins vierzehende Jahrhundert unter dem Pabst Clemens V. welcher im Jahr 1311. ihnen die Ordination zugestunde, und hiervon erhielten sie den Nahmen, Hieromonacht. Bis in dieses Jahr war kein Mönch in dem geistlichen Orden. Hauptsächlich aber haben die

die Cönobiten oder Mönche ihre Klostereinrich-
tung dem bekannten Basilio zu danken, welcher
sich aus Furcht für dem Kaiser Constantius in
die Wüsten flüchtete, und Schutz unter denen
Cönobiten suchte: er war der erste, welcher das
Mönchsleben durch verschiedene Regeln recht in
Ordnung brachte, die auch noch unter dem Nahmen der Regeln des heiligen Basilii bekannt sind,
und genau beobachtet werden müssen.

Bis ins sechste Jahrhundert lebten die Cönobiten auf eine ganz einfache Art nach denen Regeln des Pachonii und Basilii: ihr Aufenthalt
war Anfangs Wüsten, Wälder, ungebaute
öde Gegenden, wo sie mit den wilden Thieren
in Gemeinschaft lebten, und solche ohne jemands
Erlaubnis occupiren und besitzen konnten; denn
dergleichen Gegenden wurden damals für res
nullius gehalten, und konnten von jedermann in
Besitz genommen, die Besitzer aber auch wieder
daraus ohne Recht vertrieben werden; aus dieser Besorgnis fiengen sie auch gar bald an, sich
nach sicherern Gegenden zu sehnen: und weil sie
ihre Lebensart für sehr verdienstlich hielten, und
die übrigen Weltmenschen von der Theilnehmung

an

an ihren Verdiensten und ihrer Heiligkeit grose
Dinge hoffen liesen; so wurden sie auch bald
auf dem Lande, und in Vorstädten, und endlich gar in die Städte aufgenommen.

Bis ins sechste Jahrhundert also bestunde
das Mönchs oder Klosterleben aus drey Punk-
ten: erstlich, aus einem gemeinschaftlichen Leben: zweitens, in der Enthaltung, und drittens
in Beobachtung der Regeln: und dieses war
eine blos unter ihnen selbst festgesezte Einrichtung, ohne Concurrenz eines Bischofs oder
Pabsts, und war folglich unter denen weltlichen
Obrigkeiten eine blose Toleranz, oder theils ausdrückliche, theils auch nur stillschweigende Erlaubnis.

Um diese Zeit kam Benediktus, der Vater
und Stifter des bekannten, reichen und mächtigen Benediktinerordens zum Vorschein, welcher nebst seinem Schüler und Nachfolger Co-
lumbano viele neue Mönchsregeln hinzufügte,
die von denen Abendländischen Mönchen als
göttliche Gebote und Vorschriften begierig angenommen wurden; und es haben nachhero fast
alle

alle Ordensſtifter die Regeln des Benedikti zum
Muſter ihrer Klöſterlichen Einrichtungen genommen.

Weil dieſer Benediktus für den eigentlichen
Uhrheber derer bekannten drey Gelübden, nehmlich der Keuſchheit, der Armuth, und des Ge-
horſams, und mehr anderer Kloſterregeln angegeben wird; ſo dörfte es einigen Leſern nicht
unangenehm ſeyn, dieſen beſondern Mann und
Feind des andern Geſchlechts näher kennen zu
lernen.

Er hieß eigentlich Benediktus Urſinus, und
war ein Italiäner: er ſonderte ſich ſchon in ſeiner Jugend von der Geſellſchaft anderer Menſchen ab, und lebte drey Jahre ganz allein in einer Höhle; ſeine ganze Bekleidung beſtunde in
einer Thierhaut, und er ſahe ſo heßlich aus,
daß die Hirten, welche ihn durch die Büſche gehen ſahen, ihn für ein wildes Thier hielten.
Als er ohngefehr ein Weibsbild geſehen, und
eine unordentliche Regung bey ſich empfunden,
ſo ſoll er ſich ganz nackend unter Dornen und
Diſteln geworfen, und ſich ſo lange darin umge-

wälzt

wälzt haben, bis er über und über blutig ge=
wesen. Dergleichen Auftritte brachten ihm den
Nahmen eines grosen Heiligen zu Wege, und er
hatte in wenig Zeit so viel Schüler um sich, daß
er sich im Stande sahe, ein eigenes Kloster zu
bauen. Er stiftete also im Jahr 529. das be=
rühmte Kloster bey dem Berg Caßini in Ita=
lien, nahm alle Cönobiten oder Mönche, die
nur wollten, in solches auf, und faßt' die Re=
geln des bekannten Ordens der Benediktiner ab,
die annoch heilig beobachtet werden. Man kann
aber auch aus diesen Regeln abnehmen, wie der
Gottesdienst zu damaliger Zeit beschaffen gewe=
sen. Ausser denen Gelübden der Keuschheit, der
Armuth und des Gehorsams durften sie weder
von vierfüßigen Thieren essen, noch Wein trin=
ken, ihre Kleider des Nachts nicht ausziehen,
u. b. m. Columbanus war ein Schüler und Nach=
folger von ihm: dieser führte die Regeln Bene=
dikti an verschiedenen Orten ein, und künstelte
noch vieles an solchen. Lächerliche Dinge findet
man in seinem Pœnitentiali. z. E. daß diejenige
sechs Schläge mit einer Peitsche haben sollen,
welche vergessen, denen Tischgebeten das Amen
hinzuzufügen: eine gleiche Strafe wird denen

ge=

gebrohet, welche bey dem Anfang eines hymni
husten, oder den Kelch mit ihren Zähnen berühren. u. d. m.

Inzwischen hat sich dieser Orden in Europa
auf eine ganz unbeschreibliche Art ausgebreitet,
und kommen die meisten andern Orden von ihm
her. In dem fünfzehenden Jahrhundert hat
man schon, nach dem Zeugniß Trithemii Bre-
viar. 15000 Benediktinerklöster gezehlet, und
wenn man ihre Territoria zusammen in einen
Schluß nehmen könnte, so würde solches eins
der schönsten, reichsten und mächtigsten Königs-
reiche ausmachen: und da sie in Deutschland
meistentheils sogar Reichsstände, und in vielen
Staaten zugleich Landstände sind; so ist es allezeit an sich selbst ein fürchterlicher Orden, und
eine Gesellschaft, auf welche Regenten eine besondere Aufmerksamkeit anwenden sollten.

Dieser Benediktus wird, wie bereits gemel-
det, für den Uhrheber derer drey Klostergelübben, nehmlich der Keuschheit, der Armuth, und
des Gehorsams angegeben, und da nach dem
Zeugniß des Thomasini, de vet. & nov. Eccl.

dise.

disc. p. 1. L. 3. c. 3. §. 6. schon vor seiner Zeit,
einige Gelübde gebräuchlich waren, so kann es
auch gar wohl seyn, daß diese drey Vota mehr
aus einer gewöhnlichen strengen Erklärung de=
rer Benediktinischen Regeln, als aus dessen po=
sitiven Befehl hergeflossen sind. Benedikts setzte
diese drey Vota rathgebungsweise fest nach de=
nen Temperamenten der Menschen: denen Geitzi=
gen ist die Armuth: denen Ehrsüchtigen und
Hochmüthigen ein absoluter Gehorsam, und de=
nen Wollüstigen die Keuschheit ein wahres Kreuz:
und ich weiß nicht, was Benediktus sonderba=
res geleistet hat, wenn er die Unterdrück= und
Ueberwindung dieser drey Laster, nehmlich des
Geitzes, des Hochmuths und der Wollust zu
drey ausdrücklichen Gelübden gemacht hat; in=
massen solche ohnedem sowohl durch die Evan=
gelische Gebote als durch eine gesunde Moral
nicht blos denen Klostergeistlichen sondern durch=
gehends allen Menschen ohne Unterschied als
eine Pflicht obliege, wie weiter unten gezeiget
werden soll; was aber aus Pflicht geschiehet,
oder geschehen muß, brauchet nicht erst gelobet
zu werden.

Indeſſen ſind dieſe drey Gelübden durchgehends allen Mönchsorden auferlegt worden,
und die Benediktiner haben ſich nachher nicht
nur in verſchiedene Aeſte und Familien ausgebreitet, ſondern auch zu Stiftung anderer
Mönchsorden Gelegenheit gegeben; und iſt folglich der Benediktinerorden der Aelteſte, der nach
beſtändigen Regeln und Votis eingerichtet worden, und den man zum Maaßſtab aller andern
Mönchsorden ſowohl nach denen Regeln, als
nach denen Gelübben genommen hat. Woraus
denn das ungeheure Corpus des Mönchs- oder
Kloſterſtandes in der ganzen Welt entſtanden iſt;
ſo daß man bis auf dermaligen Zeitpunkt mit
Grunde hat ſagen können: die Mönche ſind gleichſam die Armee des Römiſchen Pabſts, die er
nicht nur als eine Baſatzung denen Layen auf
den Hals geleget, ſondern durch welche er auch
die Biſchöfe und andere Geiſtlichen im Zaum
hält. Siehe Puffendorfs Geiſtl. Monarchie.

Ein Mönch iſt bannenhero heutiges Tages
eine Perſon, welche entweder aus väterlicher Gelobung, oder aus eigener Wahl, oder durch eigenes Gelübbe angeſtrenget und ſchuldig iſt, un-

B 5   ter

ter der Beherrschung eines Prälaten oder Obern
nach approbirten Regeln und abgelegten Ge=
lübben entweder in dem Clericatu, oder in dem
Laicatu zu leben: erften Falls wird er Pater,
Vater, andern Falls aber Frater oder Layen=
bruder genennet.

Die Verlobung der Aeltern ift zu alten Zei=
ten für hinlänglich angefehen worden, einen
Sohn von Mutterleibe an dem Mönchsftande zu
widmen, und diefes Recht wurde fowohl der
Mutter als dem Vater zugeeignet. Die Gründe
diefes widernatürlichen Rechts wufte man in der
heiligen Schrift fowohl alten als neuen Tefta=
ments zu finden. Im alten Teftamente fande
man 3. B. Mof. 27. v. 1. 8. In diefer Stelle aber
wird nichts von der älterlichen Verlobung ihrer
Kinder, fondern von Verlobung feines eigenen
Leibes geredet, und gehöret folglich zur Verlo=
bung aus eigener Wahl, wie wir im folgenden
hören werden. Man findet in denen Mofai=
fchen Gefetzen gar nichts von einer älterlichen
Verlobung ihrer Kinder. Man gehet daher wei=
ter, und führet Samuel an, den feine Mutter
Hanna auf lebenslang zum Dienfte Gottes ver=
lob=

lobte 1. Sam. 1. da aber Samuel sich verhei=
rathet und Kinder gezeuget hat; so lässet sich
seine Verlobung gar nicht auf das Benediktini=
sche Gelübde der Keuschheit, und überhaupt gar
nicht auf den Canonicé eingeführten ehelosen
Stand der Clericorum oder Geistlichen anwen=
den; denn Samuel war ein Priester Gottes,
und eben sowohl als alle andere Priester und Le=
viten verheirathet. Man kann sogar vermu=
then, daß, wenn dem Samuel diese Verlobung
seiner Mutter beschwerlich gefallen wäre, nach
der Analogie des Mosaischen Gesetzes Levit. 27.
v. 1. u. f. eine Loskaufung statt gehabt haben
würde. Ueberhaupt scheinet die Verlobung der
Hanna sich auf das Recht der Erstgeburt ge=
gründet zu haben: Röm. 18. v. 15. u. f. denn
Samuel war ihr erstgebohrner Sohn, und konn=
te ihres Gelübdes ohngeachtet einen Monath
nach seiner Geburt mit Geld gelöset werden.
Heutiges Tages ist zwar die älterliche Verlo=
bung ihrer Kinder zum Klosterleben ohne aus=
drückliche Einwilligung der Verlobten nicht ver=
bindlich; doch weiß man solche durch mancher=
ley Mittel verbindlich zu machen, wenn sowohl
an den gelobenden Aeltern als dem verlobten
                                        Kin=

Kinde dem Kloster etwas gelegen ist, oder das Aequivalent ist oft beschwerlicher als die Verlobung selbst. Vor Zeiten muste die älterliche Verlobung zum Klosterleben auf eine feyerliche Art, und zwar zu dem Ende geschehen, daß die angebotene oder verlobte Person beständig in dem Mönchsstand bleiben müsse, und niemalen aus solchem wider austreten dörfe; daher musten solche verlobte Personen schon von ihrem zärtlichsten Alter an in der Mönchsdisciplin unterrichtet werden: zu welchem Ende vor Zeiten die Scholæ oblatorum, Schulen der verlobten, verordnet waren, mit welchen die nachhero eingeführte Seminaria eine grose Aehnlichkeit haben. Heutiges Tages aber bleiben dergleichen Oblatt oder von denen Aeltern verlobte Personen nur bis zu ihrer Minderjährigkeit im Kloster, da sie dann die Verlobung entweder genehm halten, oder davon abtreten können. In vielen Ländern ist so gar durch landesherrliche Verordnungen verboten, daß keiner vor dem 20. 25. Jahr seines Alters in die Klostergelübbe aufgenommen werden darf.

Wenn

Wenn einer sich selbst zum Klosterleben verlobet, so wird es eine eigene Profeßion genennet, und diese ist eine feyerliche Versprechung
oder Gelobung zum Religiosen Stand, wodurch
einer sich zur beständigen Beobachtung einer gewissen Mönchsregel verpflichtet: und weil diese
Profeßion oder Versprechung entweder auf eine
feyerliche Art geschehen, oder auch aus gewissen Thathandlungen geschlossen werden kann; so
haben die Canonisten solche in eine ausdrückliche
und stillschweigende Profeßion eingetheilet. Diese
aus eigener und freyer Wahl (welche aber oft
sehr verdächtig ist) geschehende Verlobung soll
nun eigentlich auf das Mosaische Gesetz, Levit.
27. v. 1. 8. gegründet seyn. Ausser der Verlobung seines eigenen Leibes, finde ich gar keine
Gleichheit mit der Verlobung zum Mönchsstand.
Nach dem Mosaischen Gelübde können die gelobende Personen sich mit Gelde lösen, und ist auch
sogar vor die Armen durch eine willführliche
Schätzung gesorget; das Mönchsgelübde aber
ist unablöslich, und strafet die unbedächtliche eigene Wahl mit einer Ewigkeit. Auch wissen die
Mosaische verlobte nichts vom ehelosen Stand,
oder von einer freywilligen Armuth, und einem

- Un-

unbeschränkten Gehorsam, sondern sie konnten
Heirathen, reich seyn und werden, und blieben
der weltlichen Obrigkeit vollkommen unterthan.
Wenn man bey den Mönchsgelübden wenigstens die Loskaufung im Fall einer Reue und
mehr anderer Ursachen wegen stehen gelassen hätte, so könnte man vielleicht noch einigen analo-
gischen Sinn mit diesem Mosaischen Gelübde
herausbringen. Man mag die Sache drehen
und wenden wie man will, so schauet doch al-
lenthalben die Ungültigkeit der Klostergelübden
eben deswegen hervor, weil sie unauflöslich sind,
unmögliche Dinge enthalten und nicht wieder-
rufen werden können: und es bleibet ewig wahr,
daß die Gelübden schlechterdings zu nichts verbinden, als was schon vorher ohne Gelübde eine Pflicht, und von Gott befohlen ist. Inwiefern aber die Keuschheit und der Gehorsam eine
Pflicht ohne Gelübde ist, soll weiter unten gezeiget werden. Hier wollen wir mit weiterer
Beschreibung des Mönchsstandes ganz kurz fort-
fahren.

Nach dem neuesten Herkommen macht nur die
eigene Wahl und Profeßion einen Mönchen,
und

und diese Profeßion geschiehet auf folgende feyerliche Art: nehmlich, der Professus oder Einzu-
kleidende muß demüthig, gestreckt auf seinem
Angesichte liegen, nm Barmherzigkeit bitten,
und die Formel derer Gelübden öffentlich mit
lauter Stimme aussagen; welches alles alsdann
zum Beweis in das Ordensbuch eingetragen
wird. Weil Moses Num. 30. v. 3. 7. 9. 13.
und Deuter 23. v. 24. zur Gültigkeit eines Gelübbes als etwas wesentliches zu erfordern scheinet, daß es wirklich mit dem Munde laut und
vernehmlich ausgesprochen werden müsse; ja so
gar Num. 30. v. 11. 14. eines Eidschwurs bey
Gelübden erwähnet; so gründet man diese Klo-
sterfeyerlichkeit ebenfalls auf diese Mosaische
Vorschriften: die Absichten aber die Moses in
diesen Vorschriften gehabt, übergehet man gänzlich mit Stillschweigen. Denn Moses sahe ein
im Herzen gedachtes Gelübbe blos als einen
Vorsatz etwas zu geloben an, welcher aber ehe
er bis an die Lippen kommt, noch einer Reue
und Abänderung unterworfen ist; wodurch er
der Zärtlichkeit des Gewissens zu Hülfe kommt:
der wirkliche Ausspruch eines Gelübbes mit dem
Munde aber zeuget schon von einem vorher wohl-
über-

überlegten festen Entschluß. Dieses ist aber der
Klostermoral nicht gemäs, sondern nach dieser
müssen auch die gelobende Gedanken bezahlet
werden. Denen eidlichen Gelübden räumet Mo=
ses eben die Rechtswohlthaten und Erlassungen
ein, die bey gemeinen Gelübden statt hatten:
ein Klostergelübde aber wird höher als ein eid=
liches Gelübde gehalten, und ist keiner Rechts=
wohlthat und Erlassung, ausser in gewissen dem
Obern vorbehaltenen Fällen fähig; hingegen
muß die Erlassung von gemeinen Gelübden mit
Geld, Messen, Rosenkränzen, Wallfahrten,
u. d. bezahlet werden. Die stillschweigende Pro=
feßionen oder Klostergelübde sind heutiges Ta=
ges ganz abkommen, nnd unbekannt, weil sie
blos aus gewissen Thathandlungen geschlossen
werden musten, auch viele besondere Umstände
erforderten und voraus sezten, folglich nicht so
kräftig und wirksam seyn konnten, als die aus=
drückliche Gelübde.

Indessen erhellet aus diesem allen, daß von
Rechtswegen kein gelobender durch Geld, oder
Geschenke zur Profeßion sollte gelangen können,
inmasen nach Canonischen Grundsätzen dadurch
eine

eine Simonie begangen würde. Man weiß aber
dieses mit allerhand heiligen Auszierungen, z. E.
unter dem Titel eines Allmosens, einer heiligen
Ausstattung, eines besondern Nebengelübbes
gar schön zu bemänteln, wozu die Casuistick
treflich zu statten kommt. Wahrhaftig nicht die
Sparsamkeit und kluge Wirthschaft allein, welche heutiges Tages, besonders in denen Benediktiner Prälaturen sehr wenig gespüret wird,
hat die Klöster so reich gemacht, sondern die
Dotirungen derer Novizen, die Erbschaften derer Conventualen, Freundevermächtnisse, Schen-
kungen, Gelübben, u. d. worüber weise Regenten und Patrioten schon sehr lange greifert,
noch eifern, und doch dem Uebel noch nicht ab-
geholfen haben, auch schwerlich werden abhelfen
können, wenn nicht dieser auf fremden Grund
und Boden sub & obreptitie gepflanzte Baum
mit der Wurzel ausgerottet, oder doch ihm der
Saft so entzogen wird, daß er eines langsamen
Todes sterben muß.

Bekanntermaßen ist die Profeßion eines
Mönchs ein solches Band, daß einer den Orden,
den er einmal angenommen, weder verlassen,

C   noch

noch zu einem andern Orden, auſſer zu einem
strengern übergehen kann. Doch giebt es einige
Fälle, daß ein Profeſſus bisweilen von dem
Bischof gegen seine gethane Profeßion in den
vorigen Stand geſetzet werden kann. vid. C. g.
C. 20. qu. 1. in dem Canoniſchen Recht.

Man kann mit Grunde sagen, daß die Klo-
ſtergelübbe blos zur Vermehrung des Gottesdienstes erfunden worden. In dieser Abſicht
kann man denen Kloſtergelübden eine etwas gün-
ſtigere Beschreibung gönnen, wenn man sagt:
sie wären eine Abſicht, Gott mit gröſerer Appli-
cation zu ehren durch die Einschränkung gewiſ-
ser der menschlichen Natur freygelaſſener Handlungen. Nur zu bedauren iſt, daß solche Gelübbe zu weit, und zwar auf unmögliche Dinge
erstrecket werden; daher ganz natürlich einem
jeden Regenten das Recht zukommt, die unbe-
dächtlich geschehene Vota aufzulöſen, wenn solche in der Zeitfolge unmöglich werden, oder durch.
Gewalt und Furcht erzwungen sind; doch iſt eine
solche Auflöſung nicht einmal nothwendig; in-
maſen eine unmögliche oder erzwungene Sache
an sich selbſten nichtig iſt.

Die

Die gefordert werdende aber an ſich ſelbſt unmögliche Heilighaltung derer Kloſtergelübben ſtammet, wie geſagt, von dem Gebrauch der Opfer her: ſolche waren allezeit eine gewiſſe Art von Vorbereitung zu einem Opfer. Kain ge-lobte Gott einen Theil ſeiner Feldfrüchte zum Opfer, und Habel einen Theil von ſeiner Vieh-zucht, und beide opferten hernach und erfüllten dadurch ihr Verſprechen: dieſes aber gieng al-lezeit dem Opfer vorher: und als das Moſai-ſche Geſetze die Opfer in eine regelmäßige Ord-nung brachte, ſo bliebe auch die Heilighaltung der Gelübben bey ſolchen ſtehen: es hieſe: was du nicht halten kannſt oder willſt, das mußt du nicht geloben: geloheſt du es aber doch, ſo mußt du durch Opfer dafür büſen. Daher lag unter dem Ceremonialgeſetze in denen Gelübben eine gewiſſe Art des Gottesdienſtes; und nachdem man anfienge, in der Chriſtlichen Kirchen alles nach dem levitiſchen Opferdienſt einzurichten, ſo gabe man auch denen Gelübben eine Stelle in ſolchem, ohne das weſentliche eines Gelübds genau zu unterſuchen, und ſolche von denen dem menſchlichen Geſchlechte nach dem natürlichen und göttlichen Recht ſchon vorhin und ohne Ge-

C 2　　　　lüb-

lübbe obliegenden Pflichten genau abzufondern; und dadurch ist endlich ein jeder enthufiaftischer Einfall zu einem Gelübbe gebildet, und das Gelübbenwesen zu einem ordentlichen Lehrge= bäube gemacht worden; ja man hat nicht ein= mal die enorme Widersprüche gemerket, welche in diesem Gelübbensystem vorkommen. Z. B. im Canonischen Rechte, c. 2. und 7. x. de con= verf. Conjug. und c. 1. x. eod. heiset es: daß das wegen Erwählung des Klosterlebens getha= ne Gelübbe die Eheverbindungen aufhebe, ja fo gar der Eingang in ein Kloster die Sponfalia de præfenti zerreise, und baß auch der durch wirf= liche Beywohnung vollbrachte Ehestand selbst in Ansehung der Religionsgelübber durch beider= feitige Einwilligung getrennet werden könne. ꝛc. und auf der andern Seiten macht man den Ehe= stand zu einem unauflöslichen Sacrament. Im C. 5. Cauf. 20. qu. 4. wird erfordert, daß das, was gelobet, auch möglich, und erlaubt feyn müste: ob aber eine abfolute Enthaltfamkeit mög= lich oder nicht? wird weiter unten unterfuchet werden. u. d. m.

Wer

Wer in dem Mönchenstand aufgenommen zu werden verlanget, muß vorher auf die Probe gestellet werden. Zu dieser Probe ist eine gewisse Zeit, und zwar gemeiniglich ein Jahr bestimmt; wenn dieses vollendet ist, so stehet es dem Novizen frey, davon abzugehen, sogar, daß auch eine innerhalb des Probejahrs gethane Profeßion ungültig ist: auch geschiehet es oft, daß der Noviz innerhalb dem Probejahr selbst herausgehet, oder auch von dem Kloster ausgeschaft wird.

In dem Tridentinischen Concilio, Seſſ. 25. de Regul. c. 15. wird zum Eingang in ein Kloster ein Alter von sechzehn Jahren sowohl für Manns= als Weibspersonen als rechtmäſig angegeben: als woburch alle Rechte der Minderjährigkeit, ja die Gesetze der Natur selbst aufgehoben werden. Es läſt sich besser benken, als schreiben, was dergleichen erst angehende Jünglinge, welche die erste Hitze ihrer jugendlichen Begierden und Leidenschaften mit ins Kloster bringen, sich für einen Begrif von der Keuschheit werden machen können; und wenn sie auch alle dem Origenes nachahmten, oder wie Benediktus sich alle

Das

Tage in Dornen und Disteln nackend herum
wälzten, so wird doch alsdenn das in ihrer Brust
ganz allein concentrirte Feuer sie desto mehr mar-
tern, wenn sichs nicht mehr auf äusserliche Gegenstände der Natur ausbreiten kann.

Endlich kann nach dem Canonischen Rechte in
gewissen Fällen einer auch gezwungen werden,
ein Klostergelübbe anzunehmen, inwiefern nehmlich das Klosterleben zugleich eine Strafe oder
Kirchenbuse, oder auch ein Gefängnis aus-
macht. Die Orientalische Kaisergeschichte ist
voll von dergleichen Fällen, da die Klöster als
Gefängnisse gebrauchet, und Klostergelübben denen Staatsgefangenen mit ausgestochenen sowohl körperlichen als Gemüthsaugen aufge-
drungen worden: und vielleicht wäre dieses heutiges Tages die beste Anwendung, wenn der
Ueberfluß derer Ordenshäuser mit Beybehaltung
einer gewissen klösterlichen Disciplin und Regel
zu Zucht- und Arbeitshäusern, zu Hospitälern
und dergleichen gemacht würden.

Ferner muß ein jeder, der sich zum Klosterleben gelobet, eine approbirte Regel erwählen,

folg-

folglich darf niemand eigenmächtig eine neue Regel, oder einen neuen Orden aufrichten: c. 2. x. de Regul.

Die bekannte vornehmste Regeln sind: Ba-silii, Benedicti, Augustini, Francisci; denn die-se Orden haben nachher viele Reformatores bekommen, und sind aus solchen immer mehr neue Nebenorden entstanden, die ihre Nahmen entweder von dem Reformatore, oder von dem Orte empfangen haben. Der Bettelorden ist im zwölften Jahrhundert von Dominico und Franscisco in Regeln gebracht worden, und daraus sind die Augustiner, die Carmeliter, die Dominicaner, Franciscaner, Capuciner, Minoriten, u. a. m. entstanden, denen im Jahr 1571. die Jesuiten von dem Pabst Pio V. incorporiret worden: wiewohl diese lezere, wie auch die Carthäuser sich niemalen dazu haben zehlen lassen wollen, sondern haben ihre besondere Einrichtungen behauptet, welche Besonderheit auch ein Nebenmittel gewesen ist, die Aufhebung des Jesuiterordens zu erleichtern, folglich auch die Aufhebung des Carthäuserordens leichter macht.

C 4

Die

Die Bettelorden bekennen nicht einerley Ar=
muth: man theilet solche ein, in die höchste,
mittlere und geringere. Billig sollte man das
Wort, Armuth weglaffen, und an deffen Statt
bey dieser Eintheilung, Reichthum, setzen; denn
die Aermsten unter ihnen können gewis im Es=
sen, Trinken, und Erfrischungen denen reich=
sten Handwerksleuten, ja wohl Standesperso=
nen an die Seite gesetzet werden, und die Loyo=
listen hätten nach und nach die halbe Welt un=
ter sich gebracht, wenn nicht Clemens XIV. ih=
rer Habsucht ein Ende gemacht hätte.

Ferner werden die Klostermönche, seit der
Zeit ihnen vom Pabst Clemens V. im Jahr 1311.
das Clericat ertheilet worden, eingetheilet in
Clericos und Layen, jene pflegen den Chor und
Altar, und verrichten alle priesterliche Hand=
lungen: diese aber ministriren jenen am Altar,
und verrichten andere knechtische Dienste; jene
werden Choristen, Pater; diese aber Layenbrü=
der und in besonderm Verstand Bekehrte genen=
net, doch sind sie alle Religiosen und an die
Klostergelübden gebunden. Von ihnen sind aber
diejenige unterschieden, welche Oblati und Donati

ge=

genennet werden, oder die sich und ihr Vermögen dem Kloster überlassen, um an dem Klosters
gebet theil zu haben; denn diese legen keine Gelübden ab, und sind daher auch keine Religiosen. Wenn ich z. E. einige tausend Gulden dem
Kloster vermache oder schenke, mit der Bedingung, daß solches mich mit Essen, Trinken,
Kleidung, Wohnung, Bedienung und allem,
was zu meinem standesmäßigen Lebensunterhalt
erfordert wird, versehen, das Kapital aber nach
meinem Tode dem Kloster eigenthümlich verblei-
ben solle. Es ist dieses eine Art von Leibrenten,
welche in denen Benediktinerklöstern, zumalen auf
dem Lande oft vorkommen; und man wird dabey stattlich verpfleget, kann in voller Freyheit
und Sicherheit leben, und fehlet auch nicht an
Ergötzungen, die der Herr Prälat nebst seinen
Lieblingen dem Herrn Oblato oder Donato und
sich selbst zu machen pflegen, zumal wenn das
Oblationskapital fein stark ist. Auch gehören
diejenige nicht dazu, welche in die Bruderschaft
derer Mönche aufgenommen sind, damit sie von
der Andacht und den guten Werken der Mönche
einen Nutzen und Theil haben mögen. Sowohl
diese als jene schliesen sie in ihre Tischgebete ein,

C 5   und

und nennen sie Benefactores. Conf. Gottl. Samuel Trebel, vom Ursprung und Bedeutung des
Märtensmannes. Aus diesen Mönchsbruder-
schaften wählen sich die Bettelorden, welche die
Regel ihrer Armuth dahin ausdehnen, daß sie
weder Geld bey sich tragen, noch Gold und Sil-
ber anrühren dörfen, einen vermöglichen Mann,
den sie Geistlichen - oder Klostervater nennen;
dieser führet die Kasse, nimmt das Meßgeld,
und andere dem Kloster zufliesende Wohlthaten
und Opfer ein, bezahlet die Nothdurften des
Klosters, sorget für Tafel und Keller, und die
Mönche lassen sichs in ihrer eingebildeten Armuth ganz sorglos sehr wohl schmecken. Sollte
es ja etwa in hundert Jahren einmal sich zutra-
gen, daß Küchen und Keller im Kloster nicht
hinlänglich versehen wären; so läuten sie die
Hungerglocken; alsdann lauft nicht nur die
ganze Mönchsbruderschaft aus Schuldigkeit,
sondern auch ein Haufen anderes Volk aus
Barmherzigkeit mit Lebensmitteln herbey, und
erquicken die Armen seit etlichen Stunden halb
verhungerten Mönche mit einem verschwenderi-
schen Ueberfluß.

Uns

Unter denen Obern, denen die Mönche das Gelübbe des Gehorsames geleistet haben, kommt ein vielfältiger Unterschied vor, wie der Kirchenstaat solches erfordert; und daher werden die Mönche von Generalen, Provincialen, Aebten, Regenten, Guardianen, u. b. regieret. Der General ist das oberste Haupt eines jeden Ordens, und stellet gleichsam einen Patriarchen oder Pabst vor. Daher kann er ein Generalkapitel berufen, solches dirigiren, und die Schlüsse zur Vollstreckung bringen. Diese Generale sind aus den Kapiteln und Conventen entsprungen, welche von denen Ordensmönchen zur Erhalt- und Verbesserung ihrer Disciplin bisweilen gehalten worden. Sie residiren in Rom, weil sie daselbst am besten das Interesse ihres Ordens beobachten können. Der einzige General der Cistertienser und Prämonstratenser hat seine Residenz in Frankreich vid. Hertius, diss. de jast. ordin. Cistert: libert. Sie werden von denen Provincialen gewählet, und zwar meistentheils in Rom entweder nach dem Tode des Generals, oder nach Verlauf der Zeit; die Confirmation aber geschiehet von dem Pabst. Die Provincialen haben gleichen Ursprung mit denen Ge-

Generalen, und unter ihnen stehen die Aebte, Prälaten, Guardiane und Priores der Provinz, die der Provincial zu gewissen Zeiten zu Kapitel rufet; in einem solchen Convent werden die Angelegenheiten der Klöster solcher Provinz besorget, und Visitatores der Klöster erwählet. Der General aber, der den ganzen Orden regieret, berufet, wie vorgedacht, alle Provincialen zu einem Generalkapitel. Der Provincial stellet in seiner Provinz einen Metropoliten vor, und regieret alle Klöster der ganzen Provinz. Was er nicht selbst abthun kann, berichtet er dem General, und erwartet dessen Befehl. Auch hat ein jedes Kloster sein eigenes Oberhaupt und ordentlichen Vorgesezten, der im Kloster allezeit gegenwärtig seyn muß: z. E. einen Abten oder Prälaten, Priorem, Präpositum, Ministrum, Custodem, oder Guardian, und wie solche nach ihren Orden weiter genennet werden. Diese Regenten werden Conventualpriores genennet, zum Unterschied derer Klosterprioren. Ueber dieses kommen auch Decani und Vicarien vor, welche dem Klosterregenten an die Seiten gesezt sind. Es hat auch bisweilen in den Klöstern weltliche Regierer oder Laien gegeben, welche sich den

Di,

Titel als Abt angemaßet, und die Klöster in Be-
siß gehabt haben; und zwar besaßen sie die Klöster als Commendas : wie auch noch heutiges Tages in Frankreich oft die sogenannte Weltgeistli-
che Klöster unter sich haben; sie regieren aber
gleichwohl die Mönche nicht, als welches dem
Klosterprior oblieget, sondern sind nur Aebte in
Absicht auf die Einkünfte der Klöster, und haben
mit obbesagten Geistlichen- oder Klostervätern
der Bettelmönche eine Gleichheit.

Die Aebte sind zugleich mit denen Mönchen
und Klöstern entstanden, und gelangen mehrens-
theils durch die Wahl zu dieser Würde: und
zwar geschiehet die Wahl von denen Conventualen auf eben die Art, wie mit andern Bischöfen
und Prälaten: auch müssen sie ihre Bestätigung
ebenfalls von ihren Obern erhalten, und zwar
von dem Bischof, wenn sie nicht exemt sind:
wiewohl bey denen Bettelorden, so viel ich weiß,
die Wahl eines neuen Guardians oder Custodis,
welche alle vier Jahre geschiehet, und von dem
Provincial dirigiret wird, blos von dem Ordensgeneral bestätiget zu werden pfleget, und
dem Bischof der Diöces bis anhero nur blos no-
tifi-

tificirt worden ift. Dieſe unmittelbare Abhän=
gigkeit von denen Ordensgeneralen zu Rom, oder
Ausnahme von der Biſchöflichen Diöees iſt von
je her ſowohl denen Landesherrn, als beſonders
denen Biſchöfen ein ordentliches Joch geweſen,
und ſind zu allen Zeiten darüber groſe Beſchwer=
den geführet worden: man konnte dergleichen
exemte Klöſter nicht anders als für Controleurs
oder auch als Spionen anſehen, welche durch ih=
ren General alles an den Römiſchen Hof zu
bringen wuſten, was ihnen ſowohl an dem po=
litiſchen Regimente als an den Biſchöfen nicht
anſtändig war: daher auch, denen öffentlichen
Nachrichten zu folge dieſe unmittelbare Abhän=
gigkeit von Rom, wie auch die Correſpondenz
mit denen Ordensgeneralen in denen Oeſterrei=
chiſchen Staaten gänzlich aufgehoben, die Klö=
ſter an die Biſchöfe verwieſen, ihnen wieder völ=
lig untergeordnet, und dadurch denen Biſchöfen
ihr altes Diöceſalrecht wieder vindiciret wor=
den: die ganze Diöceſen mit allem ihrem Inbe=
grif aber gehören ihrer Natur nach unter die
Landesregirungen, welches auch die Biſchöfe ſelbſt
er= und bekennen, wie aus dem unterm 20. No=
vember 1781. öffentlich bekannt gemachten Cir=
cu=

cularschreiben des Herrn von Hay, Bischofs zu Königsgräz, über die Toleranz, ganz deutlich erhellet. Und gleichwie es bisher lediglich von denen Landesregenten abgehangen hat, so viel fremde Klostergemeinen in ihren Staaten zu dulten als sie gewollt: eben also hanget es vermöge ihres Landeshoheitsrechts über alle Gemeinen lediglich von ihnen ab, solchen Klostergemeinen Gesetze vorzuschreiben, und wenn sie befinden, daß sie ihrem Staate zur Last werden, solche wieder abzuschaffen, und denen Gliedern den Auszug aufzulegen.

Die meisten Angelegenheiten des Klosters muß der Abt mit dem Kapitel verabreden, in welchem, so oft es versammlet wird, ein jeder Mönch, der Presbyter oder Pater ist, das Jus Suffragii oder Stimmrecht hat; denn die Mönche, die zu Chor gehen, machen das Rathscollegium des Abten und Klosters aus. Wenn der Abt gestorben, oder auf eine andere Art von seiner Würde abkommt, so beruhet auf diesem Klosterconvent alle Macht und Gewalt, in so fern eine moralische Person derselben fähig seyn kann. Wenn der Abt oder die Aebtißin zugleich

ein

ein unmittelbarer Reichsstand ist, so kommen
dem Klosterconvent alle diejenige Rechte zu,
welche andere Kapitel derer unmittelbaren
Reichsstifter haben; daher sind einige mittelbare, einige unmittelbare Klöster, und zwar in
doppelter Rückficht, nehmlich, sowohl in Absicht auf die Hierarchie, als in Absicht auf unser teutsches Reich; jene sind, die keinen andern
Obern als den Pabst bisher erkennen wollen,
diese Päbstliche Unmittelbarkeit gründet sich auf
Privilegien, die entweder dem ganzen Orden,
oder nur einigen Klöstern ertheilet sind: in dem
ersten Fall führet der Bischof der Diöces als beständiger Legatus des Pabsts die Oberaufsicht
über die unmittelbaren Klöster: in dem andern
Fall aber, nehmlich, wenn nur einzelne Klöster
unmittelbar sind, erkennen sie nicht einmal die
Aufsicht eines Diöcesalbischofs, sondern man
muß, wenn man eine Sache wieder sie hat, sich
unmittelbar nach Rom wenden. Diese, nehmlich die in Ansehung unsers Teutschlandes unmittelbare sind ordentliche Reichsstände.

Die mittelbare Aebte und Klöster sind solches ebenfalls in zweyerley Rückficht, nehmlich
in

in Abſicht auf die Hierarchie, da ſie denn ihre
erſte Inſtanz bey dem Biſchof der Diöces haben, und von dieſem erſt nach Rom appelliren
können: oder in Abſicht auf die Temporalia, da
ſie denn unter dem Territorialherrn ſtehen, und
deſſen Gerichtsbarkeit erkennen müſſen.

Die in Anſehung des Deutſchen Reichs unmittelbare Aebte, welche Reichsſtände ſind,
theilen ſich wieder ab in ſolche, die auf dem
Reichstage nur ein Votum curiatum haben, nach
der Eintheilung der Schwäbiſchen und Rheini-
ſchen Bank, welche das Prälatencollegium genennet wird: und in ſolche, welche gefürſtete
Aebte heiſen, denen in dem Fürſtencollegio Siß
und Stimme auf dem Reichstage zukommt; dergleichen ſind die Aebte von Fulda, Kempten,
Ellwangen, Berchtolsgaden, Weiſenburg,
Prümb, Stablo und Malmedy, Corbey.

Endlich ſind einige Aebte Mitrati oder Inſuliret, welche ſich Päbſtlicher Inſignien bedie-
nen, nehmlich den Biſchofsſtab und Hauben
führen dörfen: einige nicht inſuliret. Die In-
ſulirte maſſen ſich auch die Macht an, die erſte

D   Ton-

Tonsur oder Plattenscheerung und geringere Or=
den zu ertheilen, Bußprediger anzunehmen und
auszuschicken, denen Mönchen Ablaßbriefe zu
geben, Sachen, die keine Salbung nöthig·ha=
ben, zu benediciren, u. d. m.

Dieses ist in einem kurzen Auszug die Be=
schaffenheit des Kloster = oder Mönchswesens,
und das Canonische Recht bindet denen Aebten,
oder wie sonst ihre Vorgesezten genennet werden
sehr scharf ein, sorgfältig darauf zu sehen, daß
alle vorgeschriebene Regeln genau beobachtet
werden. Besonders werden, wie schon oben
angeführet worden, folgende drey Vota oder Ge=
lübbe für wesentliche Stücke des Kloster=oder
Mönchsstandes angegeben. Erstens: das Ge=
lübbe des Gehorsams, in welchen sie den ersten
Grund der Demuth setzen. Zweitens: das Ge=
lübbe der Armuth, welches aber nur von einzel=
nen Gliedern, keinesweges aber von dem gan=
zen Klosterkörper zusammengenommen, zu ver=
stehen ist: und drittens, das Gelübbe der Keusch=
heit, welches hauptsächlich von Entsagung des
Ehestandes verstanden wird. Diejenige nun,
welche diese Gelübben brechen, und in die Welt

wie=

wieder zurückgehen, werden Apostatæ, Abtrün-
nige genennet, und können durch die strengsten
Mittel zur Rückkehr gezwungen werden. Uebrigens ist der Stand derer Mönche solchergestalt
eingerichtet, daß unter ihnen allen im gemeinschaftlichen Leben die genauste Proportion und
Gleichheit gehalten werden muß. Mehrere Nachrichten von Klöstern und Mönchen findet man
beym Hofpiniano, de orig. Monach. u. a. m.

Es giebt über alles dieses auch weltliche
Stifter, Priorate und Abteyen, in welchen diese Gelübde nicht gelten, besonders in einigen
Frauenklöstern, oder sogenannten Damesstif-
tern, in welchen nur die Aebtißin an diese drey
Gelübde gebunden und eingekleidet ist, die übrigen aber mit Zurücklaffung ihrer Präbende her-
ausgehen und heirathen dörfen, wenn sie wollen.

Noch einige Worte werden nöthig seyn, von
denen Nonnen zu sagen.

Diese sogenannte Nonnen, oder Klosterfrauen, oder religiose Jungfern werden auf
eben die Art regieret, wie die Klostermönche,
und haben in den meisten Stücken mit denen

D 2   Manns-

Mannsklöstern einerley Einrichtung. Denn gleichwie die ἄσκησις, oder die beliebte Einsamkeit unter denen ersten Christen die Mönche gebohren hat: also sind auch die Nonnen von eben dieser Mutter ans Tages Licht kommen, und ist das ascetische Leben der Jungfrauen nicht älter, als der Mannspersonen. Einige wollen diese ascetische Einrichtung der Klosterfrauen von den Zeiten der Apostel herholen, und berufen sich auf das Zeugnis Ignatii; dieses Zeugnis aber beweiset anders nichts, als daß damals einige Weibspersonen sehr einsam gelebet haben. Näher scheinen es die zu treffen, welche die väterliche Verlobung seiner Tochter zum ehelosen Stand dem Apostel Paulo zueignen: 1. Corinth. 7. v. 37. wenigstens hat derselbe zu dem Gelübde der Keuschheit dadurch Anlaß gegeben. Daß man aber auch die Geschichte Jephta und seiner Tochter (Judic. 11. v. 1. 11.) zum Beweis anführen will, ist ganz bodenlos; denn wenn dieses Opfer des väterlichen Unsinnes eine eingesperrte Nonne hätte werden müssen, so hatte sie nicht nöthig, ihre Jungfrauschaft zwey Monathe lang vorher zu beweinen, sondern sie konnte solches in ihrer Clausur lebenslang thun. Der

Rit-

Ritter Michaelis hat im dritten Theil seines Mosaischen Recht, pag. 18. u. f. gründlich bewiesen, daß Jephta seine Tochter wirklich als ein Brandopfer geschlachtet habe: und weil es unter denen Israelitischen Frauenzimmer eine Unehre war, unverheirathet zu sterben, so glaubte sie durch eine zwey monatliche Beweinung ihrer Jungfrauschaft diese Unehre bey ihrem Volke auszutilgen, und das barbarische Gelübde ihres Vaters zu rechtfertigen. Noch unschicklicher ist die Vergleichung mit den vestalischen Jungfrauen in Rom; diese musten zwar das Gelübde der Keuschheit, aber nicht auf lebenslang, sondern nur auf dreyßig Jahre ablegen; nach deren Verlauf hatten sie Freiheit, die priesterliche Würde nebst allen ihren Merkmalen abzulegen, und sich zu verheirathen: und weil sie bey ihrer Aufnahme nicht unter sechs, und nicht über zehen Jahre alt seyn durften, und nach ihrem Austritt viel Vorzüge und Privilegia behielten, so bekamen sie alle Männer, und hatten gleichsam die Wahl unter vielen; auch waren sie nicht eingesperret, sondern konnten frey in der Stadt herum gehen: sie durften bey Lebzeiten ihrer Aeltern Testamente machen, und konnten nach

D 3

Ge-

Gefallen über alles das Ihrige ohne Vormund
schalten: sie durften vor Gerichte keinen Eid ablegen, sondern man glaubte ihnen auf ihr blos-
ses Wort: wenn sie öffentlich ausgiengen, trug
ein Lictor die Fasces vor ihnen her: wenn eine
Vestalin von ohngefehr einem Missethäter begeg-
nete, der zum Tode geführet wurde, so erhielt
sie ihm das Leben, wenn sie versicherte, daß diese Begegnung blos von ohngefehr geschehen: in
denen Rennbahnen und bey allen Schauspielen
hatten sie einen besondern Rang vor den grösten
Römischen Matronen.

Vielleicht trift man es besser, wenn man den
Ursprung des Nonnenwesens in denen Zeiten der
sogenannten Agapeten, oder Layenschwestern su-
chet. Diese Agapeten waren Weibspersonen in
der ersten Christenheit, welche ohne Ablegung
eines Gelübdes in besonderer Andacht beysammen lebten, und nur mit geistlichen Personen um-
giengen, die sie auch wohl unter dem Nahmen,
Schwestern, in ihre Wohnungen aufnahmen
und unterhielten. Im Orient lebten sie ebenfalls wie die Mönche in der Wüsten. Mit diesen Agapeten, welche haufenweise zu haben waren,

ren, hielten sich die Mönche, und nach Einfüh-
rung des Cölibats auch andere Clerici über ihr
gethanes Gelübde der Keuschheit gemeiniglich
schadlos, und wählten sich solche Laienschwestern
zu ihrer Unterhaltung, und diese sahen diese
Wahl nicht nur für einen heiligen Beruf an,
sondern hielten es auch für unsündlich, ja sogar
für verdienstlich, mit Clericis vertraulich umzu-
gehen; und so lebte der Bruder Clericus mit
der Schwester Agapeta ganz eingezogen. In
einer solchen süßen Einsamkeit konnten nun die
Herren Anachoreten und Mönche das harte Gesetz des Cölibats gar leicht verschmerzen. Hätte
man ihnen die eingebildete verdienstliche Ver-
bindungen auf ihren eigenen Kragen ungekränkt
gelassen, so wäre das sündliche eines solchen
Umgangs in der Wüsten und Einsamkeit zwi-
schen Bruder und Schwester vergraben geblieben. Da ihnen aber durch die Canonische Gesetze dieses Surrogatum der Keuschheit abgenom-
men wurde; so musten sie freilich die Strenge
des Cölibatgesetzes mit vollem Gewichte fühlen;
sie fiengen daher an, sich näher an die Städte
und Dörfer zu machen, erschienen immer mehr
öffentlich, und suchten ihre Abkühlung ausser ih-

ren

ren Wohnungen auf Unkosten des Ehestandes,
auf eine noch weniger beschwerliche Art: und
dieses war ihnen desto leichter, da zugleich sie
sich auf ihre Macht beruften, daß sie eben diese
Sünde vergeben könnten, wenn sie nur ihnen
selbst gebeichtet würde.

Im vierten Jahrhundert kam diese Agapeti=
sche Lebensart auch in denen Abendländern zum
Vorschein. Es entstunden hieraus gar bald ent=
weder menschliche Vermehrungen, oder sehr oft
Abtreibungen und andere grose Sünden: und
es war ein allgemeines Sprüchwort: Solus cum
sola non præsumit r orare Pater noster. Man
sahe gar bald ein, daß es wieder alle Regeln
des Wohlstandes und der Ehrbarkeit anstosse,
wenn man Jungfrauen und Witwen einzeln oder
auch paarweise in Feldern und Wäldern herum
laufen liese. Man hat sie daher nicht allein in
die Städte eingenommen, sondern sie auch nach=
hero in besondere Gebäude eingesperret. Diese
Gebäude hiesen Clauſtra, daher das deutsche
Wort Kloſter; die eingesperten Jungfrauen und
Wittwen aber wurden Gottgeweite Jungfrauen,
Ascetriæ, Nonnen, Mönchinnen genennet.

Nach=

Nachdem die Regel des Benedikti in denen
Klöstern eingeführet worden war, so nahmen
solche auch die Klosterfrauen an, und richteten
ihre Clausuren völlig nach denen Mönchsinsti=
tuten ein. Sie lebten unter der Vorsorge und
Aufsicht einer Aebtißin, die sie Mutter hiesen,
und war Anfangs nicht aller Zugang zu ihnen
verboten: sie erschienen bisweilen öffentlich,
besuchten den ordinären öffentlichen Gottesdienst
giengen zu ihren Freunden, u. b. bis endlich
die Ausschweifungen einiger Nonnen verursach=
ten, daß sie in besondere Clausuren als in Ge=
fängnisse eingesperret wurden, eigene Tempel
bekamen, und ohne wichtige Ursache, und von
dem Bischof erhaltene Erlaubnis niemalen aus=
gehen durften.

Es sind dahero die religiosen Jungfrauen
oder Nonnen gewisse Gott verlobte Personen,
welche in Zellen eingeschlossen, von der Welt
gänzlich abgesondert sind, nach gewissen vorge=
schriebenen Regeln heilig unter der Beherschung
einer Oberin leben müssen.

Diese weibliche Religiosen oder Nonnen ver=
richten ihre Profeßionen mit größern Feyerlich=

D 5   kei=

keiten als die Mönche: sie werden über ihre
Profeßion noch besonders eingeweihet. Vor
Zeiten wurde vor dem vierzigsten Jahr keine zur
Profeßion gelaffen; heutiges Tages aber werden
nur fünf= und zwanzig Jahre, (in gewiffen Fäl=
len auch weniger erfordert: ihre Einweihung ist
dem Bischof vorbehalten, und kann, weil es ei=
ne priesterliche Handlung ist, von der Oberin
nicht verrichtet werden. Vor Zeiten wurden
mehr Feyerlichkeiten erfordert; heutiges Tages
aber umkleidet gemeiniglich der Priester des Orts
die neue Nonne mit dem Schleier, und nimmt
ihr die solenne Gelübde nach dem Gebrauch al=
ler Klöster ab: zwar sollte ebenfalls die Pro=
feßion frey und ungezwungen geschehen: meh=
rentheils aber gehet ein gewisser Zwang dabey
vor. Es können auch Wittwen Profeßion thun,
ihr Schleier aber pfleget nicht der Consecration,
sondern der Enthaltung und Obfervanz genen=
net zu werden. Die Umhängung des Schleiers
oder sogenannte Einkleidung ist eine feyerliche
Einweihungshandlung welche von dem Bischof
oder deffen Vicario oder Weihbischof verrichtet
werden muß, in deffen Hände die Nonne mit
feyerlichen lauten Worten ihre Profeßion thut,

und

und die Gelübben nach denen Orbensregeln ableget. Dieser Schleier wurde vor diesem Ve-
lum Flamineum genennet, welches bey den alten
Römern denen vestalischen Jungfrauen allein
eigen war; und ist folglich die ganze Feyerlich-
keit von dem Heidenthum entlehnet.

Diese Nonnen nun werden in ihren vorge-
schriebenen Pflichten und Regeln mit einer gewissen Gewalt erhalten, und ist nicht einmal denen Weibspersonen erlaubt, zu denen Nonnen
in ihre Zellen ohne Beyseyn der Vorsteher zu gehen: sie dörfen mit ausserklösterlichen Menschen
nicht anders als durch ein Gitter im öffentlichen
Sprechzimmer reden. Vor Zeiten empfiengen
sie ihre Speisen durch ein gewisses in ihre Zellen gerichtetes Rad, welches auch noch heutiges
Tages in denen strengeren Nonnenorden, wo
nicht in einem öffentlichen Refektorio gespeiset
wird, gebräuchlich ist. Vor Zeiten durften ihre
Klöster nicht auf dem Lande, sondern in Städ-
ten seyn: welches aber heutiges Tages gleich-
gültig ist, weil ihr ganzer Klosterumfang mit
hohen Mauern umgeben zu werden pfleget.
Wer eine Nonne schwächet, der wird einem Kir-

chen-

chenräuber gleich geſtrafet, die Nonne aber le=
bendig eingemauert, folglich auf gewiſſe Art wie
die Veſtalinnen lebendig begraben; daher müſ=
ſen ſie ihren Stand weit genauer und ſtrenger
halten als die Mönche.

Ferner haben die Nonnen einen ganz beſon=
dern Gottesdienſt: ſie haben ihre eigene in dem
Kloſter zugleich mit eingeſchloſſene Betſäle,
(Oratoria) dieſe ſind ſo eingerichtet, daß ſie
von dem Tempel aus von niemand geſehen wer=
den, ſie ſelbſt aber auch niemand ſehen können,
wenn öffentlicher Gottesdienſt iſt Weil ſie
aber ſowohl zum predigen, als Meßleſen, zum
beichten, und andern Gottesdienſtlichen Uebun=
gen ſowohl Prieſter als andere Kirchendiener
nöthig haben; ſo ſtehen ſie mehrentheils unter
einem andern Mannskloſter von ihrem Orden im
Schutz, von welchen ihnen von Zeit zu Zeit Prie=
ſter, Prediger, Beichtväter, und andere nöthi=
ge Kirchendiener zugeſendet werden, mit denen
ſie zu gewiſſen Zeiten und Stunden umgehen
dörfen: jedoch iſt hierbey alle mögliche Vorſicht
nöthig, wenn alle Gelegenheit zu Aergerniſſen
und Ausſchweifungen vermieden werden ſoll.

End=

Endlich werden auch die Nonnen in Cleri= cas und Laicas eingetheilet: die ersten werden Chorschwestern, und die andern Laienschwestern genennet. Ihr Gottesdienst wird in lateinischer Sprache, und ebenfalls zu gewissen eingetheil= ten Stunden auf ihrem Chor verrichtet, wovon die meisten kein Wort verstehen.

Ferner müssen sie ihren Oberen einen blin= den Gehorsam leisten. Sie sind vorzüglich ei= nem Bischof unterworfen, wenn sie gleich exempt sind, inmasen sie demselben alsdenn als einem bevollmächtigten des Pabsts gehorchen; die Ci= sterzienserinnen und Bettelnonnen aber werden von denen Mönchen ihres Ordens regieret, und stehen unter dem Ordensgeneral. Sie stehen ferner unter ihren eigenen Aebtißinnen und Prio= rinnen, die solches entweder lebenslang sind, oder alle drey Jahre abgewechselt, ordentlich darzu erwählet und durch eine solenne Benedik= tion eingeweihet werden. Denen Aebtißinnen und Priorinnen werden auch andere Matronen durch die Wahl zugegeben, welche in geringern Sachen das Ruder führen, und gleichsam das Rathscollegium ausmachen.

An

An einigen Orten werden die gewählten Aeb=
tißinnen auch von dem Territorialherrn bestäti=
get: auch ist gemeiniglich in denen Nonnenklö=
stern ein Präpositus, oder Amtmann, welcher
die Klostergüter verwaltet, und über die weltli=
che Sachen die Aufsicht führet: nicht weniger
kommen bey ihnen Klostervögte, Geistliche Vä=
ter vor; die ersten sind mit denen Präpositis ei=
nerley, die andern nehmen die Geschenke für das
Kloster in Empfang, sorgen für die Viktualien,
und berechnen die Haushaltung.

In unserm Teutschland sind die Aebtißinnen
ebenfalls entweder mittelbar, oder unmittelbar,
und zwar in doppelter Rücksicht; diejenige wel=
che zugleich Reichsstände, und in dieser Rück=
sicht unmittelbar sind, besitzen die Landeshoheit
mit Sitz und Stimme auf dem Reichstage, je=
doch nur Curiatim, und werden dem Prälaten=
collegio zugezehlet, in Rücksicht auf die Hierar=
chie aber sind diejenige unmittelbar, welche von
der Bischöflichen Gerichtsbarkeit befreyet sind,
und gerade unter dem Pabst stehen.

Wir haben in einer andern kleinen Schrift,
von Canonicis und Domherren, das Institut
des

des Chrobogangi, als den Vater aller Canonicorum, zu erklären Gelegenheit gehabt, wollen es hier aber nur in Ansehung der Nonnen
ganz kürzlich anführen.

Dieses Institut erstreckte sich vor Zeiten auch
auf die damals ein ascetisches Leben führende
Weibspersonen. Denn dieser Chrobogangus
war eigentlich der neidische Mann, der die Anachoreten und Cönobiten in ihrer einsamen Ruhe
stöhrte, und ihnen ihre Agapetische Schwestern
aus den Armen risse: doch hiesen diese Schönen
als Gegenstände des Chrobogangi eigentlich nicht
Agapeten, sondern Canonische Schwestern.
Sie kamen mit denen männlichen Canonicis darin übereins, daß sie kein Gelübde der Armuth
ablegten; wie die Canonici dem Bischof zum Gehorsam verpflichtet waren: eben so musten auch
die Canonißinnen ihrer Aebtißin oder würdigen
Mutter Gehorsam leisten, und musten, weil sie
von dem Clericalischen oder geistlichen Leben
Profeßion machten, im Cölibate, oder unverheirathet bleiben. Im eilften Seculo nahmen
einige das Gelübde der Armuth an: einige aber
behielten das Eigenthumsrecht sich bevor: und
der-

dergleichen Frauenstifter giebt es heutiges Tages noch viele, welche mit den Cathedralkirchen oder Domstiftern, oder wenigstens mit denen Collegiatstiftern derer Canonicorum einerley Einrichtung haben: ihre Oberstin heiset Aebtißin, und ist gemeiniglich zugleich eine Titularfürstin: nebst dem haben sie Dechantinnen, Pröbstinnen; sie gehen zu Chor; halten Kapitel, und wählen ihre Vorgesezten: sie wohnen in keinen Clausuren, sondern haben besondere Kapitularhäuser, in welchen sie ihre eigene Haushaltung führen: sie dörfen ausser ihren Residenztägen verreisen und abwesend seyn, so lange sie wollen. Auch können sie ihre Präbende wieder abgeben, aus dem Stift gehen und heirathen, so lange sie Canonißinnen sind: die Aebtißin allein ausgenommen, welche nach angenommener Würde die drey Gelübde ableget, und nicht mehr davon abgehen kann, auch den Cölibatum lebenslang halten muß.

Es giebt auch unter denen Protestanten mancherley Klöster, die ihren Bestand dem bekannten westphälischen Religionsfrieden zu danken haben: aber von Mönchen wissen sie nichts.

Die

Die Personen, welche in den protestantischen Klöstern unter einem Abten stehen, und von solchem regiret werden, nennet man Conventualen; von diesen werden gemeiniglich die Aebte erwählet. Die Bestätigung derer mittelbaren gebühret dem Territorialregenten, wenn gleich die Aebte von einer andern Religion sind. Auch giebt es Catholische Klöster in protestantischen Ländern, welche sogar infulirte Aebte haben, sie stehen aber unter der Hoheit des Landesherrn, dessen Befehlen sie auch mit Ausschliessung ihrer Generalen und Provincialen gehorchen müssen. Die unmittelbare protestantische Aebte aber bedörfen keiner Bestätigung. An einigen Orten haben die Schulen noch eine ähnliche Gestalt von denen mittelbaren Klöstern an sich, besonders wo die Klöster zur Reformationszeit selbst in Schulen und Universitäten verwandelt worden: dergleichen man in Sachsen und Schwaben verschiedene antrift. Und ob schon in einigen protestantischen Stiftern die Conventualen unverheirathet seyn müssen, so sind sie doch durch keine Gelübde gebunden, sondern können von dem Stifte abgehen, wenn sie heirathen wollen. Auch verliehren sie weder das

E   Recht

Recht eines besondern Eigenthums, noch sind
sie auch an einen blinden Gehorsam gebunden;
wiewohl auch einige Ordensleute bey denen Catholischen, z. E. die Dominicaner, ihres abgelegten Gelübdes der Armuth ohngeachtet, heutiges Tages noch ein besonderes Eigenthum für
sich haben dörfen.

Ferner giebt es in einigen protestantischen
Ländern auch Frauenklöster, in welchen junge
Mädgen auferzogen zu werden pflegen: auch
giebt es unter ihnen Canonißinnen und Capitu-
larinnen, die eigene Collegia ausmachen, und
zwar ebenfalls theils mittelbare, theils unmittelbare Stifter genennet werden: sie haben aber
schlechterdings keine Gelübden abzulegen, sondern es kann auf sie alles, was oben von denen
protestantischen Conventualen gesagt worden,
angewendet werden. Sie haben daher alles
eigenthümlich vor sich, und können heirathen,
wenn sie wollen, doch müssen sie alsdenn den
Genuß ihrer Präbende zurücklassen; auch ist denen Aebtißinnen selbst das Heirathen unverweh-
ret. Wir haben auch Exempel, daß sogar Aebtißinnen mit Beibehaltung ihrer Würde und de-

rer Stiftsemolumenten geheirathet haben, und
Henrich Günther Tulemarus gründet sich des,
falls in einer besondern Schrift auf das Exem,
pel der Aebtißin von Gernrode, einer gebohr,
nen Prinzeßin von Anhalt, welche im Jahr 1570.
einen Grafen heirathete, und dennoch mit völ,
lem Rechte Aebtißin geblieben, auch in dieser
Qualität vom Kaiser Maximilian II. zum Reichs,
tag eingeladen worden. Doch sind solches alle,
zeit ausserordentliche Fälle, welche meines Erach,
tens sich nicht anders als mit allgemeinem Con,
sens sowohl des ganzen Stifts, als auch des
Kaisers und Reichs ereignen können: ausser die,
sem stehet allezeit die exemptio reservati eccle,
siastici im Wege, und wird wegen besorglicher
Erblichkeit nicht leicht zugegeben werden.

Ehe ich den historischen Theil der Kloster,
gelübben verlasse, ist noch eine kurze Nachricht
von denen oben bereits angeführten Anachore,
ten, oder Einsieblern (Eremiten) zu geben
übrig. Denn nicht alle μοναζοντες oder Mön,
che nahmen das Institut des Pachonii an, son,
dern einige blieben ferner in den Wüsten und
Wäldern, und sonderten sich von allen Men,

schen

schen ab: und diese wurden deswegen mit dem besondern Nahmen Anachoreten, Eremiten, Einsiedler genennet, worunter auch die Styliten gehören. Sie waren allerdings wahre Mönche, welche ein einsames, ascetisches und abgesondertes Leben führten; da aber nachher diejenige Mönche genennet wurden, welche sich durch die Gelübden verbunden hatten; so bliebe denenjenigen, die diese Vota oder klösterliche Einrichtungen nicht annahmen, der Nahme Eremit, Anachoret oder Einsiedler allein eigen. Es sind daher heutiges Tages die Eremiten solche Menschen, welche aus eigener Wahl und Willen sich von andern Meuschen absondern, und an abgesonderten Orten entweder einzeln und allein, oder paarweise, oder auch drey und drey mit einander als Mönche leben. Sie sind aber keine Mönche, weil sie keine Gelübden auf sich haben, ausser daß sie einsam zu leben sich vorgesezt: sie verliehren daher das Recht nicht, eigenthümliche Güter zu besitzen, sondern behalten eine freye Gewalt, über solche zu disponiren. Meistentheils aber hinterlassen sie nichts als die Armuth selbst, zu deren Linderung sie eben eigentlich diese Lebensart erwählen, damit

sie

sie besto reichlicheres Allmosen bekommen mögen. Weil sie aber durch diese Lebensart zugleich
einen vollkommenen Stand zu erreichen glauben,
so bleiben sie unverehligt, eigenmächtig aber darf
niemand diesen Stand erwählen, sondern es
wird die Erlaubniß des Bischofs dazu erfordert,
welcher genau ausforschen muß, ob sie eine wahr-
hafte Andacht zu dieser Lebensart antreibet? inmasen man genug Beispiele hat, daß dergleichen
Waldmänner und Müßiggänger mancherley wollüstigen Zusammenkünften Aufenthalt gegeben,
und durch Comödien und allerhand Gauckeleyen
sich ein reiches Allmosen erworben haben. In
einigen Ländern, z. B. in Steyermark, wo es
viele Einsiedler giebt, machen sie zusammen eine
Ordensprovinz aus, haben ihren eigenen Altva-
ter, welcher von Zeit zu Zeit alle Einsiedeleyen
visitiret, sie regiert und in Ordnung erhält.
Sie stehen unter dem Guardian des Franciska-
nerklosters in Grätz, welcher sie auch examini-
ret, und einkleidet, ihnen auch allerhand Reli-
gionsübungen und Tagzeiten vorschreibet, auch
nach Befund sie wieder entkleidet. Uebrigens
haben sie mit andern Ordensregeln durchaus
nichts zu thun.

E 3

Was

Was nun die Klostergelübbe an und vor ſich
ſelbſt anbelanget, ſo ſtehet bekannter maſſen das
Gelübbe der Keuſchheit oben an. In breitern
Verſtande iſt dieſes Gelübbe das erſte und allgemeine Geſetz, welches alle diejenige bekommen, die in den prieſterlichen Stand treten,
das iſt; ſie müſſen unverheirathet ſeyn und bleiben; zur Urſache wird angegeben; weil ſie als
Prieſter täglich opfern; und in dieſem Sinne
ſcheinet dieſes Geſetz nur blos den eheloſen Stand
oder den Cölibat anzugehen, folglich die abſo-
lute Enthaltung von dem andern Geſchlechte
oder die Keuſchheit in ihrer ſittlichen Beſchaffenheit nicht zu begreifen. Man hat ſich dieſe
Erklärung auch gar bald zu Nutzen gemacht, und
dafür gehalten, daß es denen Weltprieſtern oder
ſogenannten Petrinern genug ſey, unverehligt
zu ſeyn, damit man einigermaſſen gewiß ſeyn
könne, daß ſie kurz vor ihrem alltäglichen Meßopfer keinen Beiſchlaf gehabt; weil aber das
Meßopfer nur des Morgens frühe gefeyret würde, ſo meinten ſie, daß nach geleſener Meſſe alle übrige Stunden des Tages bis Mitternacht
ihnen frey blieben, denen wollüſtigen Begierden
und Neigungen, jedoch zu Vermeidung der Aer-
ger-

gerniß auf eine vorsichtige Art, Genugthuung
zu verschaffen. Es wurde daher die wesentliche
Keuschheit in die Klöster eingeschränkt, und ihre
Beobachtung denen Mönchen oder Klostergeistlichen überlassen; der Cölibat aber konnte sich nach
gelesener Messe auf Unkosten anderer Ehemänner
und Familien lustig machen wie er wollte. Die
Enthaltung oder Keuschheit, und der Cölibat
oder unverehligte Stand waren daher zwey verschiedene Dinge.

In der ersten Kirche wurde die Enthaltung
für den höchsten Grad der Liebe gegen Gott gehalten. Sie unterliefen die eheliche Verbindun-
gen freiwillig, aus eigenem Trieb, ohne daß ihnen jemand solches auflegte: und dieses Institut war denen Laien, wie denen Clericis, gemein: man hielte die unverehligte für besonders
heilige Leute, welche nach Pauli Meinung, 1.
Corinth. 7. Gott eifriger und besser dieneten,
als die verehligte; daher ist sich nicht zu verwun-
dern, daß auch die Bischöfe ein Verlangen nach
einer solchen heiligen Würde bekamen: wiewohl
die wenigste sich enthielten; denn der Cölibat
war niemand als ein Gesetz auferlegt, und man
wu-

wuſte wohl, daß auch einige Apoſtel verheirathet geweſen waren. Die Lehre von dem Meßopfer, woher man heutiges Tages die Noth-
wendigkeit der Enthaltung eigentlich beweiſen
will, war damals noch nicht bekannt; und Origenes berief ſich ebenfalls auf das Argument
dieſes Meßopfers. Einmal iſt gewiß, daß
Petrus dieſes Meßopfer nicht eingeführet hat,
ſondern man trift dieſes Inſtitut erſt im ſech-
ſten Jahrhundert unter Gregorio Magno an;
und ein treuer Nachfolger Petri in Lehr- und
Leben ſollte billig allezeit verheirathet ſeyn, denn
Petrus war verheirathet.

Allein ob gleich dieſe Privatmeinung von
dem Cölibat ziemlichen Beifall fand, ſo wurde
ſie doch nicht überall angenommen, ſonſten würs
de bey einer Allgemeinheit derſelben das Chri-
ſtenthum bald ausgeſtorben ſeyn. Endlich be-
wog einiger Kirchenlehrer Anſehen (worunter
der ſich ſelbſt mit einem Meſſer zum Eheſtand un-
tüchtig gemachte Origenes nicht der geringſte
war) die den Cölibat ſtark vertheidigten, die
Römiſchen Biſchöfe, daß ſie dieſer Meinung
ebenfalls beypflichteten: und auf dieſe Art iſt
der

der Cölibat nach und nach in Occident eingeführet worden: wiewohl vor denen Zeiten Gre-
gorii XII. denen Clericis der Ehestand noch nicht
gänzlich verbothen gewesen, bis endlich die hie-
rarchische Staatsraison den Cölibat zu einem
allgemeinen Kirchengesetz gemacht hat.

Dieser Gregorius XII. führte daher im Anfang des fünfzehenden Jahrhunderts den Cölibat des äusserlichen Kirchennutzens wegen gesetzlich ein, damit 1) das Vermögen derer Clericorum allezeit an die Kirchen fallen mögte,
und 2) damit die Verbindung, in welcher die
Clerici ihrer Familien wegen mit denen weltlichen Regenten nothwendig stehen musten, gänzlich aufhören mögte. An und vor sich selbst ist
ein Gebot des Cölibats nicht gegen das natürliche Recht, wenn es nur unter gewissen Beding-
nissen gegeben wird; und ertheilen oft grose Herren unter dieser Bedingung ihre Gnaden und
Dienste. Wenn Gregorius XII. seinem befohle-
nen Cölibat den Verlust der geistlichen Benefi-
cien und Orden als eine Strafe oder Bedingnis
beygefüget hätte; so würde solches eben nicht
sonderlich zu tadeln gewesen seyn, und es wür-

den

ben sich allezeit andere gefunden haben, die in die Stelle der abgesezten eingetreten wären, und wäre sein hierarchischer Endzweck daburch eben sowohl erreichet worden. Dieses aber ist unerträglich, daß man wegen des eingebildeten unauslöschlichen Karakters die Ordines nicht mehr ablegen kann, ob einem schon die Enthaltung oder der Cölibat unmöglich wird: denn in dem Heiligthum werden diejenige zu stehen vorgegeben, die vermöge ihres Amts der Celebrirung der Messe bedienet sind: da nun in der Messe selbst ein eigentliches Opfer vorkommt, so ziehet man hieher das alte Ceremonialgesetze, welches allen, die mit dem Opfern zu thun haben, die Enthaltung von Weibern befiehlet; da nun die Catholische Priester das Meßopfer täglich begehen müsten, oder auch täglich damit zu thun haben, so forbert man auch eine beständige Enthaltung von ihnen; und weil man nicht gewiß seyn kann, ob ein verehligter Priester nicht etwa des Morgens frühe vor dem Meßlesen seiner Frauen die eheliche Pflicht geleistet haben mögte; so ist es am sichersten, daß man ihnen das Heirathen gar verbietet, nach der Messe und in der Nacht vor zwölf Uhr mögen sie thun

was

was sie wollen. Auf diesen Gründen beruhet der Cölibat oder ehelose Stand derer Elericorum. Ob diese Gründe von solcher Wichtigkeit sind, daß ein weltlicher Regent solche schlechterdings nicht sollte aufheben oder vernichten, und denen mit Beneficiis und der Seelsorge versehenen Clericis Weiber geben, folglich den Cölibatum unter gewissen Einschränkungen gar verbieten könne, überlässet man jedermanns Ueberlegung: denn da uns Christen der Jüdische Opferdienst des alten Testaments nach derer Apostel Versicherung schlechterdings nichts angehet; so ist auch das daher genommene Argument eine blose Chicane: und auch der gerühmte Karakter indelebilis, wenn man ihn an seinem Orte stehen läst, kann alsdenn mit dem Ehestand eines Priesters gar wohl bestehen.

Von denen Ordens= oder Klostergeistlichen, das ist, von denen Mönchen und Nonnen wird mehr als der Cölibat, nehmlich, die ganze Keuschheit und Enthaltung in ihrem völligen Umfang erfordert. Die andere Clerici wissen sich nach obiger Erklärung des Cölibats noch auf gewisse Art schadlos zu halten, wenn sie nicht die Keusch-

heit

heit selbst, sondern nur die Enthaltung vom Ehestand gelobet zu haben glauben : und inso= fern ist ihnen der Cölibat nicht nur möglich, son= dern auch leicht, und in manchen Betracht sehr vortheilhaft. Ja der Cölibat ist nicht einmal dem natürlichen Recht zuwider, und in der hei= ligen Schrift weder befohlen noch verboten, auch den Laicis mit denen Clericis gemein, so lange es der Laie seinen Umständen nach für gut fin= det, in solchem zu beharren. Mit der ganzen Keuschheit oder gänzlichen Enthaltsamkeit aber hat es eine ganz andere Bewandnis: und die erste Frage wird seyn: was ist eigentlich Keusch= heit oder Enthaltsamkeit? die zweite: Ob und in wiefern solche in physisch= und moralischen Betracht zu halten sey? und drittens: Ob sol= che mit anzuhoffenden gutem Erfolg denen Mön= chen und Nonnen als ein Gelübde hat aufgelegt werden können?

Was die erste Frage betrift, so beschreiben uns solche die Theologi als eine solche Tugend, welche in einer vollkommenen Reinigkeit des Herzens und der Seele bestehet, so daß sie über alle Neigungen, Reitzungen, Gelegenheiten und

Vers

Verführungen zu wollüstigen Gedanken, Worten und Handlungen überwindend erhoben ist: sie setzen hinzu, daß diese Tugend durch den heiligen Geist gewürket werde, und daß man Gott darum bitten müsse. Die Keuschheit ist also eine Tugend, folglich von Gott befohlen; und man führet hundert Stellen aus der Bibel an, worin solche (nicht den Mönchen und Nonnen, sondern) durchgehends allen Menschen, von was Stand, Würden, Alter und Geschlecht sie immer seyn mögen, anbefohlen und mit * osen Gnadenbelohnungen verknüpfet, hingegen die Unkeuschheit mit ewigen Strafen und Uebeln bedrohet wird; ist nun die Keuschheit von Gott befohlen, und ein Mittel zur menschlichen ewigen Glückseligkeit; so sind auch nothwendig alle Menschen, ohne solches besonders zu geloben, darzu verpflichtet, und dörfen sich die Klostermönche hierin ihres abgelegten Gelübdes der Keuschheit wegen weder eines Vorzugs vor anderen Menschen schmeicheln, noch, wenn sie die Gabe der Enthaltung nicht haben, darüber verlegen seyn: ihr sogenanntes Votum castitatis bindet sie nicht, sie können ihr Kloster verlassen, wenn und wie sie wollen, es ist weder Auflö-

sung,

fung, und Erlaubnis, noch einige Bischöfliche
Dispensation nöthig: denn was nicht gebunden
ist, darf und kann nicht aufgelöset werden: sie
können ausser ihren Klöstern andere sowohl welt=
liche als geistliche Aemter übernehmen, und mit
Beibehaltung ihrer priesterlichen Würde oder ih=
res eingebildeten unauslöschlichen Karakter hei=
rathen, oder den Cölibat erwählen, wie sie es
ihren Umständen gemäs erachten, folglich der
Welt auf beiderley Art nützlich werden. Wenn
nu= folgens ein für die Wohlfahrt und Auf=
nahme seiner Unterthanen sorgender Landesherr
für gut befindet, die Klöster aufzuheben, und
denen Mönchen befiehlet, solche zu verlassen und
eine andere Lebensart zu erwählen, so tritt hier=
bey die rechte natürliche Pflicht des Gehorsams
ein, den Befehl ihrer Landesobrigkeit zu befol=
gen, ohne sich an einige Klostervorgesezte oder
fremde auswärtige Mächte oder anmasliche
Obrigkeiten zu kehren; besonders da ihre Lan=
desobrigkeit für ihre künftige Nahrungsumstän=
de und Unterhaltung väterliche Sorge träget.
Da die Keuschheit schon vor dem erwählten Klo=
sterleben ihre natürliche und Christliche Pflicht
war, und nicht erst durch ein abstraktes Ver=

spre=

sprechen zu einer Pflicht gemacht werden konnte, folglich ein darüber besonders abgelegtes Geslübde an sich selbst nicht blos unverbindlich, sonder null und nichtig ist, und weder einer Auflösung noch Dispensation bedarf; so sind die Klostermönche sogar schuldig, auch ohne landesherrlichen Befehl ihre auf blose Einbildung gegründete Klöster zu verlassen, und können ohne schwere Sünde nicht länger in solchen bleiben: inmassen mit ihren Gelübden sogar etwas gotteslästerliches verwickelt ist; denn da sie durch ihre Gelübde gleichsam etwas zu geben glauben, was ihnen wieder vergolten werden müsse; so wird stillschweigend vorausgesetzt, daß sie solches vor ihrer Gelobung nicht schuldig gewesen wären: und wenn sie andern ausser ihrem Klosterzirkel lebenden Menschen noch einigen Theil an der Gnade Gottes übrig lassen, die Verdienste der Keuschheit aber nur ihrem Gelübde zueignen; so kommt allerdings ein gotteslästerlicher Schluß heraus, vor dem einem jeden Laien die Haut schaudern muß.

Die zweite Frage: ob? und inwiefern die Keuschheit physisch und moralisch betrachtet zu hat

halten ſey? iſt in dem ob? ſchwerlich mit ja!
zu entſcheiden, ſo lange noch alle Menſchen un⸗
ter dem Falle leben; und in dieſem Betracht
kann man denen Mönchen mit Grunde vorhal⸗
ten, daß ſie eine unmögliche Sache geloben:
alle unmögliche Gelübden aber ſpricht das Cano⸗
niſche Recht ſelbſt für ungültig und nichtig, und
die menſchliche Natur verſaget ſolchen Gelübden
gänzlich ihren Beifall; man ſteche einem Mön⸗
chen (oder auch einer Nonnen) die Augen aus:
man binde ihm Hände und Füſſe: man geißle
ihn täglich: man wickle ihn in Dornen und Di⸗
ſtelu ein; ſo wird doch ganz ohnausbleiblich ein
Traum über den Cothurn ſeiner Keuſchheit ent⸗
ſcheiden; ja man ſetze ihn mit dem Origenes in
einerley Umſtände, ſo wird doch die Erinnerung
ſeiner vorigen Beſchaffenheit die Stelle der That⸗
handlung vertreten, ſo lange er ein Herz und
Gedächtnis hat. Man darf ſich nur auf die
Kirchengeſchichte berufen, wenn man ſich einen
Begrif machen will, wie die Mönche ſich über
ihr unbedächtliches Gelübde der Keuſchheit ſo⸗
wohl in ihren einſamen Zellen als auſſer ihren
Klöſtern entſchädigen können; die Caſuiſtickund
beſondere Moral der ehemaligen Jeſuiten kom⸗
nien

men ihnen hierinnen vortreflich zu ſtatten. Man
weiß daß noch kürzlich unter dem Pabſt Bene-
dicto XIV. die Jeſuiten in Italien unter dem
Titel, opuscula aurea, den Satz behauptet und
ausgebreitet haben, daß das Berühren der Ba-
cken und Brüſte der Nonnen keine ganz unkeu-
ſche Handlung ſey: und der Biſchof Carolus
Boromäus jagte ſeinen Beichtvater, P. Ribera
von ſich, weil dieſer mit einem Edelknaben Unzucht getrieben.

·Der zweite Theil dieſer Frage, inwiefern
nehmlich die Keuſchheit phyſiſch und moraliſch
·betrachtet zu halten ſey? beantwortet mit einem
Worte der Eheſtand, das iſt, nur in dem ehelichen Stande kann man in beiderley Betracht
die Keuſchheit halten, wenn ächte Liebe und
Tugend das Band geknüpfet haben; ja die Hofnung, zum Eheſtand zu gelangen, wirket bey
tugendhaften jungen ledigen Leuten ſehr oft eine
wahre Keuſchheit. Laſt ſie aber an dieſer Hofnung gänzlich verzweifeln, ſo ſuchen ſie ſich ganz
gewis auf eine andere Art ſchadlos zu ſetzen,
und dieſes leztere iſt überhaupt der Fall bey denen Nonnen. Reiſende in Italien können von
der Art und Weiſe dieſer Schadloshaltung nach
dem Augenſchein Bericht geben. Iſt dieſes
nicht abermal ein ſtarker Bewegungsgrund für
alle Mönche und Nonnen, ihr an ſich ſelbſt un-
gültiges Kloſtergelübde der Keuſchheit fahren zu
laſſen, wieder in die Welt zu gehen, zu heirathen, oder die Hofnung zum Eheſtand als die
beſte Schutzwehr wider die Unkeuſchheit wieder
zu ergreifen, damit ſie ohne Gelübde aus natür-

F   li-

licher und Christlicher Pflicht keusch leben können. Kurz! ich halte es für unmöglich, in einem Kloster keusch zu bleiben: das Gelübde
selbst, so ungültig es an sich selbst ist, wider-
spricht einem solchen Vorsatz; und ich muß ge-
stehen, daß so oft mir ein paar wohlgefütterte
Mönche begegnen, mich ein gewisser Eckel an-
wandelt, weil mir gemeiniglich ihre Indemni-
sirungsarten einfallen. Es ist ganz natürlich:
ein jeder Mönch und eine jede Nonne muß sich,
so oft nur ein verdächtiger Gedanke kommt erin-
nern, daß sie das Gelübde der Keuschheit ge-
schworen hat; bey dieser Erinnerung fällt ihr
allezeit ein, was Unkeuschheit ist, und jemehr sie
gegen diese Gedanken kämpfet destomehr und
öfterer fallen sie ihr ein, und wenn zumal ein le-
bendiger Gegenstand darzu kommt, so thut gemeiniglich die Natur ihre Wirkung, und das
Gelübde ist vereitelt. Nitimur in vetitum.

Endlich komme ich auf die dritte Frage: ob
die Keuschheit mit anzuhoffendem guten Erfolg
denen Mönchen und Nonnen als ein Gelübde
hat aufgelegt werden können?

Daß die Keuschheit eine Pflicht sey, welche
durchgehends allen Menschen von Natur, besonders aber nach göttlichen Geboten allen Christen ohne einige besondere Gelobung oblieget;
daß die Keuschheit in denen Klöstern weder in
physischem noch im moralischen Betracht ange-
troffen werde, wohl aber das Gegentheil allezeit mit einer sehr geringen Ausnahme zu vermuthen sey: und daß solche nur in dem Ehe-
                                                    stand,

ſtand, und in der Hofnung zum Eheſtand mög¬
lich ſey: iſt in den vorhergehenden zwey Sätzen
ſchon gezeiget worden.: woraus ſich auch dieſe
dritte Frage von ſelbſten beantwortet, daß man
ſich von einem ſolchen Gelübde unmöglich einen
guten Erfolg hat verſprechen können, vielmehr
hätte man allezeit das Gegentheil vermuthen ſol¬
len. Ich kann mir wohl vorſetzen; ich will nach
dem göttlichen Gebot und meiner Pflicht keuſch
leben; aber geloben oder verſprechen kann ich
es nicht, denn ich bin es vorhin ſchuldig, und
was ich ſchon wirklich ſchuldig bin, kann ich nicht
erſt verſprechen; ein Gelübde gehet auf eine
Sache, die ich vorher nicht ſchuldig bin; wenn
man die Keuſchheit als ein Gelübde behandelt,
ſo wird vorausgeſezt, daß man ohne dieſes Ge¬
lübde nicht ſchuldig ſey, keuſch zu leben; wel¬
ches offenbar gegen die Natur und die göttlichen
Gebote angehet, und denen allerſchändlichſten
Laſtern, welche Paulus Ehebruch, Hurerey,
Unreinigkeit, Unzucht, u. d. nennet, Thür und
Thor öfnet: wenn ich ein Gelübde thue, daß
ich Gott nicht läſtern, nicht tödten, nicht ſteh¬
len will: bin ich denn nicht ſchuldig, ſolches oh¬
ne Gelübde zu unterlaſſen? die göttliche Gebo¬
te ſagen geſezlich: du ſollſt nicht ehebrechen, du
ſollſt nicht ſtehlen. Wie kann ich mit Gott über
ſeine poſitive Geſetze gleichſam capituliren, und
durch meine Gelübde ihnen ihre Gültigkeit ge¬
ben? Hatt Gott meine Einwilligung zu ſeinen
poſitiven Geſetzen nöthig? Einen ſteifen Vorſatz
kann ich wohl faſſen, daß ich ſowohl im ledigen
als im Eheſtand nach dem göttlichen Befehl,
nach meiner Pflicht, und ſo viel mir möglich iſt.

keuſch

keusch leben will; aber geloben oder versprechen kann ich es nicht, denn ich bin es vorher schuldig. Ein Vorsatz ist kein Gelübde, und was ich gelobe, bin ich vorher nicht schuldig. Welches von beiden kann und wird wohl den Vorzug behaupten? das Göttliche allgemeine Gebot, oder das einschränkende Klostergelübde?

Und endlich fällt jedermann in die Augen, daß dieses Klostergelübde und überhaupt das den ganzen Clerum angehende Verbot des ehelichen Standes die Absichten der Natur und des Schöpfers vereitelt, und mit möglichstem Nachdruck zur Verminderung des menschlichen Geschlechts das seinige beiträgt: Conf. Michaelis Mosai'. Recht, 3. Theil pag 29. Man gebe in Gedanken von einer Million Geistlichen nur der Helfte Weiber, und einer jeden Familie drey Kinder; so siehet man, daß durch das Eheverbot die Natur jährlich wenigstens um anderthalb Millionen Menschen betrogen wird. Was für einen Nahmen verdienet eine solche Anstalt in dem Reiche der Natur?

Das zweite Klostergelübde ist der blinde Gehorsam derer Mönche und Nonnen gegen ihre Obern und Vorgesezten.

Die Nichtigkeit dieses Gelübdes ist schon durch das vorhergehende entschieden. Denn alle Menschen sind ohne Gelübde vorher schon schuldig, ihren Vorgesezten Gehorsam zu seyn, und sowohl die Bibel, als alle bürgerliche Gesetze enthalten hierüber die nachdrücklichsten Maasregeln.

geln. Es ist daher dieses Gelübbe des Gehorsams in der moralischen Welt ebenfalls ein Unbding. In der Klosterwelt aber hat dieses Gelübbe des blinden Gehorsams eine verneinende Wirkung, und schließet Kaiser, Könige, Fürsten, Landesherrn, kurz! alle bürgerliche und weltliche Obrigkeiten aus, denen sie durchaus nicht zu gehorchen, noch ihre Befehle zu befolgen, sondern sich schlechterdings an ihre Klösterliche Einrichtung zu halten geloben müssen. Wie oft dieser blinde Gehorsam sowohl die Mönche als Nonnen der Gefahr aussetzen müsse, den Höchsten zu beleidigen und ihre Landesobrigkeiten zu kränken, lässet sich besser denken, als beschreiben, besonders findet man in der Jesuitischen Geschichte hiervon greuliche Fälle.

Alle weltliche Regenten haben Ursache, wegen dieses Gelübbes der Widerspenstigkeit auf ihrer Hut zu seyn, und ihr Recht ist göttlich, diesem ungehorsamen Klostervolk die Karte aus der Hand zu reisen, solches aus ihren Clausuren zu treiben, und sie unter den bürgerlichen Gehorsam, den Gott befohlen hat, aber kurzsichtige Menschen aufgehoben haben, zu setzen. Kurz! das Klostergelübbe des blinden Gehorsams ist ein Gelübbe des bürgerlichen Ungehorsams, eine Entziehung von den Landesgesetzen; der nächste Weg zum Aufruhr, zum Zerfall des Staats, folglich ein Staatsverbrechen. Man urtheile nun, ob Mönche und Nonnen mit gutem Gewissen noch einen Augenblick länger bey ihren Klostergelübben verharren können, und ob sie nicht am besten thäten, wenn sie, ohne

F 3　　die

die Landesherrliche Aufhebung abzuwarten, ihr Klosterleben quittirten, und sich als gehorsame und getreue Unterthanen freywillig in den bürgerlichen Stand begäben, ehe sie darzu gezwungen werden. Denn so lange die Wohlfahrt des Staats sein höchstes Recht ist, und dem Regenten die Macht über alle Gemeinden zueignet; so lange wird auch einem jeden Regenten frey stehen, alles was der Wohlfahrt seines Staats gemäs ist, zu verordnen, und was derselben entgegen ist, abzustellen, folglich auch die seinem Staate wirklich schädliche Klostergemeinen abzuschaffen.

Das dritte Klostergelübbe, nehmlich der Armuth, ist so lächerlich, daß es sich von selbst widerleget, und in ein Nichts zerfällt. Die Armuth in ihrem eigentlichen Begrif ist, wenn ein Mensch nicht so viel im Vermögen hat, als zu seinem nothdürftigen Lebensunterhalt erfordert wird: oder wenn er seine nothdürftige Nahrung und Kleider nicht hat, und sich solche auch durch keine Arbeit nothdürftig verschaffen kann.

Was ist aber die Klosterarmuth? Antwort: Ein auf Müßiggang und Wollust gegründeter und mit Ueberfluß versehener privilegirter Bettlerstand. Der Beweis dieser Erklärung beruhet blos in einem selbst zu nehmenden Augenschein.

Arm zu seyn, ist niemand schuldig, der es durch erlaubte Mittel verhindern kann; vielmehr ist es Pflicht, sich einen bequemen Lebensunterhalt zu verschaffen. Und weil mir vorher keine
Pflicht

Pflicht oblieget, arm zu seyn; so kann ich auf gewisse Art, jedoch ohne meinem. Nächsten oder dem Staate zur Last zu fallen, bis auf einen gewissen Grad die Armuth geloben; es kann daher ein Gelübde der Armuth auch sogar im bürgerlichen Leben statt haben. Aber so ist das Klostergelübde der Armuth nicht geartet. Wir haben oben schon angeführet, daß die Klosterarmuth in die Höchste, mittlere und geringere eingetheilt zu werden pfleget, und daß das Gelübde der Armuth nur auf die einzelnen Glieder, nicht aber auf den ganzen Körper des Klosters abziele; dieses kann unschätzbar reich seyn, und werden doch die einzelne Glieder arm genennet; da aber die Mönche auch in den ärmsten Klöstern besser und reichlicher leben, als manche Herrschaften, so kann man im eigentlichsten Verstande sagen: die Mönche und Nonnen geloben bey ihrer Profeßion, daß sie recht delicat und im Ueberfluß essen und trinken, an nichts einigen Mangel leiden, aber auch, um ihren Unterhalt zu verdienen, nichts arbeiten, sondern ihre Leckerbissen in Ruhe verzehren wollen: denn ihr Chor= und Kirchendienst kann für weiter nichts als für einen Zeitvertreib gelten. In diesem Betracht ist ihre gerühmte Armuth ein wahrhaftes Gelübde des Müßiggangs und Wohllebens. Man berechne die müßigen Hände derer Mönche nur nach einem mittelmäßigen Taglohn, so wird man erstaunen, was für eine ungeheure Summe Geldes der Circulation täglich entgehet. Ein solches Gelübde kann zwar unter dem Mantel der Heucheley und Verstellung, aber nimmermehr mit der Religion bestehen,
und

und in der Wirkung oder Absicht betrachtet; kann man die Benennung der Klostergelübbe umkehren: denn sie sind à potiori nichts anders, als Gelübbe der Unreinigkeit, des Ungehorsams, und des Müßiggangs, folglich im höchsten Grad verwerflich, ja nicht einmal einiger Verbesserung fähig; vielmehr erfordert das höchste Staatsgesetz, daß alle auf solchen theils an sich selbst nichtigen theils sündlichen Gründen beruhende Klosteranstalten ohne Vorschub und Rücksicht, ob solche gestiftet sind, oder nicht! abgeschaft werden: und die Mönche und Nonnen sind es ihrem Gewissen schuldig, so bald sie die Nichtigkeit ihrer sogenannten Klostergelübbe einsehen, ihren Klosterstand ohne einen landesherrlichen Zwang abzuwarten, zu verlassen, und sich in die bürgerliche Verfassung als getreue Unterthanen zurückzubegeben.

www.ingramcontent.com/pod-product-compliance
Lightning Source LLC
Chambersburg PA
LVW021419090426
CB00009B/1188

* 9 7 8 3 7 4 3 6 9 2 4 8 0 *